罗马法民法大全翻译系列

CORPUS IURIS CIVILIS
DIGESTA

学说汇纂

（第十三卷）

要求归还物的诉讼

张长绵　译

[意]　腊　兰　校

中国政法大学出版社

2016·北京

OSSERVATORIO SULLA CODIFICAZIONE E SULLA

FORMAZIONE DEL GIURISTA IN CINA NEL QUADRO

DEL SISTEMA GIURIDICO ROMANISTICO

UNIVERSITÀ DEGLI STUDI DI ROMA "TOR VERGATA"

"SAPIENZA" UNIVERSITÀ DI ROMA

DIPARTIMENTO DI SCIENZE UMANE E SOCIALI DEL CNR

UNIVERSITÀ DELLA CINA DI SCIENZE POLITICHE E GIURISPRUDENZA (CUPL)

Volume stampato con il contributo dello stesso Osservatorio

DE CONDICTIONIBUS

Traduzione in cinese con latino a fronte

A cura di SANDRO SCHIPANI
Professore Emerito di Diritto romano, "Sapienza" Università di Roma

Traduzione in cinese di ZHANG CHANGMIAN
Dottore di ricerca dell'Universitàdegli Studi di Roma,"Tor Vergata"

Revisione di LARA COLANGELO
Assegnista di Ricerca dell' "Osservatorio sulla codificazione e sulla formazione
del giurista in Cina nel quadro del sistema giuridico romanistico"
("SAPIENZA" UNIVERSITÀ DI ROMA - UNIVERSITÀ DI ROMA "TOR VERGATA"-CUPL- CNR)

Con collaborazione del Centro di Studi sul diritto romano e Italiano
UNIVERSITÀ DELLA CINA DI SCIENZE POLITICHE E GIURISPRUDENZA (CUPL)

序　言

1. 十三卷是《学说汇纂》第三部分《物》（人们可期待通过诉讼要求归还特定物；请求返还之诉）之延续。在某种意义上，首先延续的是关于请求返还之诉的论述，随后论及使用借贷和质押。实际上，《永久告示》中已经专题论述了使用借贷和质押，原因在于：①它们发生返还确定物之债；②最早保护它们的事实之诉，很可能是对请求返还之诉之模仿（《永久告示》中，在它们之后，论及的是抵销。而该论题，在《学说汇纂》中被安排在第十六卷。关于此等论题的体系化，参见笔者关于十二卷的序言[1]）。

2. 对于盗窃，可提起罚金之诉。实际上，在罗马法中，盗窃被认为是私犯行为，即只能由受害人提起的侵权行为。它能发生以支付一笔金钱为内容的债，但是，该债不具有损害赔偿之性质，相反是一种金钱惩罚。根据不同类型的盗窃，它可以是被盗物价值的数倍：双倍、三倍、四倍（盗窃作为私犯，被安排在 D. 47. 2 – 6 中论述）。

然而，罚金的支付并非盗窃法律后果的全部。由于无正当的合法基础，被盗物存于盗贼——或者由于后者的原因，而存于第三人——的财产之中，故而，还涉及被盗物归还之

---

[1]　由于印刷的原因，在十二卷序言中，似乎未提及 A. Saccoccio 关于请求返还之诉的作品。笔者在本序言中引用之：A. Saccoccio, Si certum petetur. *Dalla condictio dei* veteres alle *condictiones* giustinianee, Milano, 2002.

问题。对于该问题，所有人可提起原物返还之诉，要求占有人归还被盗物；对此，所有人需证明其所有权人之身份（参见：D.6）；所有人还可以通过占有令状——尤其是以"两地之一（*utrubi*）"为开头的令状（根据该令状，相对于所有人，盗贼的占有人身份是不正当的，因此需依照裁判官之命令归还被盗物，而不能阻止所有人重获占有。参见：D.43.31）重获占有。另外，被盗人还可通过请求返还之诉（D.13.1 论及的主题）要求归还被盗物，因为被盗物持有人之持有不具有正当合法性基础，故而有义务归还之。

该三个诉（盗窃之诉、原物返还之诉、请求返还之诉）之间的关系，或是聚合的，或是竞合的（即可选择的）。

罚金之诉可与原物返还之诉、请求返还之诉聚合，因为虽然他们的请求权基础（*causa petendi*）都统一于盗窃，但请求权的内容（*petitum*）相异。申言之，罚金之诉的内容是请求一笔罚金；而后两者的内容却是恢复原状，即要求归还原物，或者在归还不能时赔偿与物等价之损失。

而后两个恢复原状之诉之间的关系是竞合的。申言之，被盗人只能实现其中一个诉。由于两者都是恢复原状之诉，内容同一，故而其中一个诉的实现将会使另一个诉消灭（D.13.1.7.1）；选择实现原物返还之诉还是请求返还之诉，则由当事人自由决定。

还需指出：罚金之诉在被告人方面，不得移转（Gai.4.112；J.4.12.1），除非在私犯行为人死亡之时司法程序已经启动（参见：D.50.17.139pr.；D.50.17.164；D.44.7.59/58；D.42.1.6.3）[1]。相反，原物返还之诉在被告人方面，

---

[1]　另外片段 D.44.7.36pr. 也非常有意义。根据该片段，私犯行为人死于诉讼启动之前，若某人享有遗产时基于该私犯行为而受益，则会被认为是不当得利。该片段提及的事例包括故意的私犯行为、暴力或秘密占有、临时让与等。

则可以转移。另外，罚金之诉具有投偿性、连带性，而原物返还之诉不具有此等性质。

对于这些片段，玻蒂埃[1]在顺序上作出了不同于优士丁尼时代编撰《学说汇纂》的法学家的解读。如同其他卷一样，笔者愿意给出这一解读[2]，因为它便于人们理解。但是，笔者意图强调：对于论题的深入理解，能够发展出更完美的解读顺序，正如笔者在《学说汇纂》第9卷的序言中所呈现的那样。根据玻蒂埃的论述，D. 13. 1 可以如下顺序更好地被解读［笔者增加了本卷以外的片段（以括号示明），因为玻蒂埃认为，这些片段有利于完整地、有顺序地展示该论题。如前所述，私犯中也论及该论题，D. 47. 2 - 6］：

诉的享有者：D. 13. 1. 1；（D. 47. 2. 14. 16）；D. 13. 1. 10. 2 - 3；D. 13. 1. 12 pr. - 1；D. 13. 1. 14pr. ；（D. 47. 2. 52. 29）；D. 13. 1. 11；（D. 47. 2. 57. 4infine）；D. 13. 1. 12. 2。

对谁提起诉，该诉与盗窃之诉区别所在：D. 13. 1. 10 pr. - 1；D. 13. 1. 16；（D. 13. 6. 14）；D. 13. 1. 5infine；D. 13. 1. 6；D. 13. 1. 4；D. 13. 1. 5；D. 13. 1. 19；D. 13. 1. 15；D. 13. 1. 2；D. 13. 1. 9；D. 13. 1. 7. 2。

何种情况下，赋予盗窃之诉：D. 13. 1. 14. 2 - 3；（D. 47. 2. 21. 10；D. 47. 2. 38. 1）。

诉讼期限：D. 13. 1. 10pr. ；（D. 47. 2. 81. 5）；D. 13. 1. 7pr. ；（D. 47. 2. 68. 5；D. 13. 1. 8pr. ；D. 13. 1. 20；D. 13. 1. 17。

诉的内容：D. 13. 1. 8. 1；D. 13. 1. 13；D. 13. 1. 14. 1；D. 13. 1. 8. 2；D. 13. 1. 3。

3. D. 13. 2 寥寥数语，只包含一个片段："依据法律（*ex*

---

[1] R. J. Pothier, *Pandectae iustinianeae in novum ordinem digestae*, 1748 ~ 1752.

[2] 参见笔者序言：《学说汇纂》第4卷序言标题6、7、8；《学说汇纂》第6卷标题1；《学说汇纂》第8卷标题1；等等。

lege）的请求返还之诉"。编撰者赋予该诉一般诉的特征，他们宣称：该诉可保护任何新的法律（*lex nova*）创造的请求权。对此，我们也可以从 C. 3. 31. 12. 1、C. 6. 30. 22. 6 以及 531 年的两个谕令中找到痕迹。笔者以为，应当把该诉与法律作为债的发生原因之论述（D. 44. 7. 52. 5）〔1〕联系起来理解。

D. 13. 3 论述"请求返还小麦之诉"。它的名字源于拉丁语中"小麦（*triticum*）"一词。该诉涉及请求返还基于借贷产生的除现金之外的、可替代的、确定数额的物。它也是优士丁尼法学家的创造物。实际上，他们只规定了四个片段。关于涉及该诉的其他片段，参见前述 12 卷序言。

4. D. 13. 4 谈及的仍然是请求返还之诉，它涉及如下问题：在特定地点给付物。

就总体而言，罗马人并未深入分析债的履行地问题〔2〕：债的履行地有时由债的发生原因决定，有时可由给付的性质推知。后者特别适用于为之债。与之不同，若债的标的是种类物之给付，其履行地应在提起诉讼的地方，即一般而言，为债务人所在地；若债的标的是特定物之给付，如在遗赠情形中，应在物之所在地履行，除非继承人（债务人）故意将物转移至他处（D. 5. 1. 38；D. 30. 47pr. 〔3〕；D. 30. 108pr. ）。

在金钱之债中，如明确约定了履行地——而该履行地可不同于债的设立地，也可不同于债务人之所在地——此时履行地问题就具有特殊意义。有时，债权人请求在约定之外的地方履行债务，可能给债务人带来更大的负担，但也可能对债务人

---

〔1〕　该片段，参见丁玫译：《契约之债、准契约之债》，中国政法大学出版社 1998 年版，第 7 页。

〔2〕　故此，笔者在选择具体片段时（《契约之债、准契约之债》）并未对该问题予以特别重视。

〔3〕　参见费安玲译：《婚姻、家庭、遗产继承》，中国政法大学出版社 2001 年版，第 558 页。

有利：有时，在约定地履行，符合债权人之利益，而在约定地
之外履行，却对债务人有利。面对此等情形，裁判官创造了
"特定地给付"之诉，该诉也是"仲裁诉讼"。据此，在程式诉
讼中需赋予承审员自由裁量权，于最终判决时，考量如下因
素：双方在约定履行地履行之利益，在他地履行时对一方造成
的损失。此种自由裁量权通过在程式中载明不确定的、待定的
债务数额加以实现——即使债务数额实际上是确定的[1]。

玻蒂埃建议的解读顺序如下：

履行地明确的债：D. 13. 4. 9；D. 13. 4. 2. 4；D. 13. 4. 2. 3；
D. 13. 4. 2. 7；D. 13. 4. 1。

"特定地给付"之诉；赋予诉的具体原因；诉的享有者；
向谁提起诉：D. 13. 4. 2. 1；D. 13. 4. 6；D. 13. 4. 7。

该诉应在某一履行地提起：D. 13. 4. 2. 2。

诉中承审员的职责：D. 13. 4. 2. 8；D. 13. 4. 3；D. 13. 4. 2pr. ；
D. 13. 4. 4；D. 13. 4. 8；D. 13. 4. 10。

5. D. 13. 4 谈及"关于在确定期限内清偿的钱款债务"[2]。
面对契约类型封闭性所造成的诸多困境，裁判官尝试通过多种
方式加以解决，其中包括对法学家的理论建构进行整合。比如
对某些特殊的协议（这些协议因告示条款而获得保护）进行类
型化，便是一种特殊的整合方式。但是，在许多其他情形中，

---

〔1〕　该节中，最饶有趣味的是 D. 13. 4. 3。在该片段中，考量了金钱在不同地方
的不同价值。并规定：由于债权人的原因，金钱债务之履行会给该债务人带来更重负
担时，则此等负担须有债权人承担。对该片段，笔者曾撰文强调：在国际债务中，如
果金钱的价值差异是由当事人一方的原因或者货币政策造成的，需考量此等价值差异。
参见 S. Schipani, *Livio 35, 7*; *Gaio D. 13. 4. 3 e il problema del debito internazionale*; in
S. Tafaro (a cura di): *L'usura ieri e oggi*, Bari, 1997, 271 ss.

〔2〕　该论题的现代经典罗马法著作：F. De Martino, *Le garanzie personali dell'
obbligazione*, Roma, 1940；P. Frezza, *Le garanzie delle obbligazioni*, I. *Le garanzie personali*, Padova, 1962；F. Giuzzi, "Constitutum debiti", in *Novissimo Digesto Italiano*, 4, Torino, 1959, 299 ss.

此等协议并非产生全新的束缚，而是强化某一基于其他原因产生的债，此等强化亦可通过第三人之介入而得以实现。

业已存在的市民法或裁判官法上的债（也许也可是自然法上的债），即使已经规定履行期限，若其内容为数额确定的金钱或可替代物，仍可通过某一行为规定该债一个确定的履行期限，且该债必须在该期限内履行。

原始文献并未将上述行为定性为"简约"，而是很可能将之界定为合意：它不是单方行为，也不是要式行为。申言之，该行为可在当事人不在场的情况下完成，也无须遵循特殊的形式。另外，它被认为是为了债权人之利益，故此人们不将该行为认为是单纯的债务人之主动行为，即使在债务人提出建议后，债权人也可处于单纯的消极状态——即使该行为可通过如下方式完成：债务人作出单方意思表示，而债权人知晓该意思表示，或者只要其未作出相反的意思表示。

还需指出，若在确定的期限内，债务人未履行债权，则债权人可选择提起基于原债权的诉讼（该诉并未消灭）或者本诉（该诉最早在拉贝奥时期即公元前1世纪由裁判官赋予）。后者的性质属于事实之诉，依据该诉，债权人的利益可获得更妥当的评估，尤其考虑到两个诉所涉及的不同履行期限。另外，只要履行期限届至而未履行，则债务人就必须承担责任。故此，债务人需对履行迟延后的意外事件承担责任，只有在未履行或履行迟延可归责于债权人时，方可排除债务人的责任。

"关于在确定期限清偿的钱款债务"的制度设计，其最早的功能在于商定一个业已存在的债的履行期限，随后其功能得到扩展：尤其具有了担保功能，即可以为第三人之债约定一个确定的清偿期限。优士丁尼法规定了该担保功能，并且还规定了其他诸多便利（C. 4. 18. 2. 1）。另外，它还可为任何客体的债确定履行期限。因此，实质上，该制度的构成要件便是：①存在先前的债务，至于是自身或他人的债务，则在所不问；②为债权人之利益，确定一个履行期限；③在履行债务时，由承审员评估债权人利益的不同纬度。

本章涉及的问题非常丰富。玻蒂埃对该章片段的解读顺序如下：

该制度的实质：D. 13. 5. 1pr.；D. 13. 5. 16. 2。

何等债务可使用该制度：D. 13. 5. 1. 6；D. 13. 5. 29；D. 13. 5. 1. 7 – 8；D. 13. 5. 25. 1；D. 13. 5. 1pr. – 2；D. 13. 5. 19pr. – 1；D. 13. 5. 11pr.；D. 13. 5. 21pr.；D. 13. 5. 23；D. 13. 5. 18. 1；D. 13. 5. 19. 2；D. 13. 5. 20。

可承诺的内容：D. 13. 5. 13；D. 13. 5. 11. 1；D. 13. 5. 12；D. 13. 5. 1. 5；D. 13. 5. 14. 1 – 2。

可否以不同于原债权的方式承诺：D. 13. 5. 5pr.；D. 13. 5. 4；D. 13. 5. 16. 1。

谁可以承诺，可为谁承诺：D. 13. 5. 1. 1 – 3；D. 13. 5. 5. 2；D. 13. 5. 7. 1；D. 13. 5. 8；

可否为他人之债承诺：D. 13. 5. 27；D. 13. 5. 31；D. 13. 5. 2；D. 13. 5. 1. 8。

可对谁人之债承诺，承诺人可为何人之利益商谈：D. 13. 5. 5. 4 – 6；D. 13. 5. 5. 10；D. 13. 5. 6；D. 13. 5. 7；D. 13. 5. 5. 7 – 9。

如何完成该行为：D. 13. 5. 1. 4；D. 13. 5. 14. 3；D. 13. 5. 15；D. 13. 5. 5. 3；D. 13. 5. 24；D. 13. 5. 26；D. 13. 5. 14pr.；D. 13. 5. 21. 1。

行为之效力：D. 13. 5. 28；D. 13. 5. 18. 3。

实现诉的前提：D. 13. 5. 21. 2；D. 13. 5. 25pr.；D. 13. 5. 8 infine；D. 13. 5. 9；D. 13. 5. 10；D. 13. 5. 30；D. 13. 5. 16. 3。

需考虑哪个时间点：D. 13. 5. 16. 4；D. 13. 5. 17；D. 13. 5. 18pr.。

诉包含的内容：D. 13. 5. 18. 2；D. 13. 5. 16pr.。

6. D. 13. 4 论及著名的、常见的一类合同：使用借贷[1]。在本章中，首先是对程式中用词的综合但不完整的分析。

对使用借贷的保护，也是司法官基于对一类信托的分析而建构的。

从结构上而言，信托与要物合同相似；从功能上看，后来的使用借贷、质押、寄托一直发挥着信托之功能（但信托也一直存在于整个古典法时期），但是在债的发生原因里，却一直不包括信托。信托是通过庄严形式转让要式物（res mancipi）所有权的一种法律制度。在该庄严形式过程中，信托人通过言辞来表达转移要式物的目标；而物的受让人基于信义（fides）向信托人承担实现上述目标的义务（该目标正是受让人转移所有权的原因）。上述目标实现后，受让人需向信托人返还所有权。信托制度产生的原因在于：一方面，远古罗马尚未承认权能小于所有权的权利；另一方面，亦未创造相应的法律行为类型以适应不断涌现的诸多的实践需求，而这些需求的实现最终只能求诸"与朋友的信托"、"与债权人的信托"。当然，就欲实现的目标而言，转让所有权可以说显得多余。于是，信托的原因、典型的法律事实逐渐地独立出来，具有了相应的法律效果。

当然，笔者无意在此分析信托制度，只是试图强调：隐藏于上述两个信托类型的某些特殊的原因，逐渐地显现出来。申言之，为实现交物于朋友使用并需归还或交物于债权人用于担保的目标而移转所有权的这件"外衣"显得过于"肥大"，故此，便制作了数件"得体的外衣"，其中一件便是使用借贷。对于使用借贷，司法官首先创造了一个事实之诉，据此，在未

---

[1] 该论题的现代经典著作：F. Pastori, *Il comodato nel diritto romano*, Milano, 1954, rist., 1997, Cisalpino; F. Pastori, voce "*Comodato (Diritto* romano)", in *Novissimo Digesto Italiano*, 3, Torino, 688 ss; G. Sherillo, "*Comodato (Diritto* romano)", in *Enciclopedia del Diritto*, 7, Milano, 1960.

归还物的情况下，会作出损害赔偿之判决（如前文所述，该诉是在模仿请求返还之诉的基础上建构的）；其后，此等新的原因法律关系为市民法所移植，司法官又创造了以诚实信用为基础的诉（两种程式，参见 Gai. 4. 47）。该诉是诚信诉讼，因此一方面能以更灵活的形式描述借用人在归还不能的情况下的责任问题；另一方面又能更妥当地对归还之物的价值贬损进行评估。

需强调的是，使用借贷是"对使用之借贷"（prestito d'uso），实际上，我们在原始文献中可找到类似表达——"给予以便使用（dare per usare）"。使用借贷是要物合同之一种，原因在于：债随着物之交付而产生，并以之塑造。申言之，债的内容是"归还"，且不得超过"交付"的量度。无偿性是借贷合同的结构性特征，因为债是以物的交付为限度而建构的。故此，从功能上讲，信用信贷是单务合同，只有一方当事人承担债务。若存在对价义务的话，信用借贷则转变为租赁合同或无名合同。物之交付，是合同成立的充分要件；虽然在反思诸合同制度的过程（这一过程于公元 2 世纪古典法中得以成熟发展）中，合意总是被隐含地提及，但是，合意从未被认为是使用借贷合同的独立要素。

另外，若借用人在使用物之过程中产生了相关费用，或者赔偿了因物而引起的损害，则可向出借人要求偿还。据此，规定了对立诉。

使用借贷的标的物须是不可消费物，该物的所有权一直为出借人所享有。标的物的不可消费性是相对于物之使用而言的。比如，就一般用途而言是可消费的物，如水果，则只能被出借用于展示。物之交付以有利于借用人之利益为目的。借用人可以使用物，但受到如下限制：①须归还物；②若有明确的约定，则须遵循之；③遵循习惯。

本章的内容非常丰富，需要深入分析。为简化解读，笔者引用玻蒂埃的解读顺序：

何等物可以被使用借贷：D. 13. 6. 1pr. – 1；D. 13. 6. 3. 6；D. 13. 6. 4。

如何完成标的物的交付，如何使用物，使用借贷的无偿性：D. 13. 6. 8；D. 13. 6. 9；D. 13. 6. 5. 11 – 12。

在何等人之间可以成立使用借贷：D. 13. 6. 1. 2；D. 13. 6. 2；D. 13. 6. 3pr. ；D. 13. 6. 13. 2；D. 13. 6. 15；D. 13. 6. 1. 2；D. 13. 6. 2；D. 13. 6. 3pr. ；D. 13. 6. 13. 2；D. 13. 6. 15；D. 13. 6. 16。

出借人之诉，诉的享有者，向谁提起诉：D. 13. 6. 6. 8；D. 13. 6. 6；D. 13. 6. 7；D. 13. 6. 3. 4 – 5；D. 13. 6. 3. 3；D. 13. 6. 17. 2。

何时可以通过诉要求返还出借物：D. 13. 6. 17. 3。

诉的内容：（D. 44. 7. 1. 4）；D. 13. 6. 5. 2 – 3；D. 13. 6. 5. 5；D. 13. 6. 21. 1；D. 13. 6. 5. 6；D. 13. 6. 5. 13 – 14；D. 13. 6. 5. 9；D. 13. 6. 18pr. infine；D. 13. 6. 5. 10；D. 13. 6. 5. 12；D. 13. 6. 20；D. 13. 6. 20；D. 13. 6. 12. 1；D. 13. 6. 5. 4；D. 13. 6. 18；D. 13. 6. 5. 7；D. 13. 6. 3. 1；D. 13. 6. 23；D. 13. 6. 10；D. 13. 6. 19；D. 13. 6. 21pr. ；D. 13. 6. 3. 2；D. 13. 6. 5. 1。

可否要求逐次返还出借物：D. 13. 6. 13pr. 。

借用人之对立诉：D. 13. 6. 13pr. ；D. 3. 6. 5. 8infine；D. 3. 6. 18. 2 – 3；D. 3. 6. 22；D. 3. 6. 17. 5；D. 3. 6. 21；D. 3. 6. 18. 4；D. 3. 6. 17. 1。

7. D. 13. 4 论及与质押有关的诉[1]。这一论题颇具现代

---

〔1〕　该论题的现代罗马法经典著作：P. Frezza, *Le garanzie delle obbligazioni. II. Le garanzie reali*, Padova, 1963；A. Burdese, Lex commissoria *e ius vendendi nella fiducia e nel* pignus, Torino, 1949；A. Burdese, s. v. *Pegno*（*diritto romano*）, in *Enciclopedia del Diritto*, 32, Milano, 1982. 意中之间的合作成果参见 A. Petrucci, *La legge sulle garanzie delle obbligazioni della R. P. C.* , in *Dir. comm. int.* , 1996, p. 873 ss. , e in *Diritto cinese e sistema giuridico romanistico*（a cura di Formichella, Terracina e Toti）Torino, 2005, p. 175 ss. ；A. Petrucci, *Sistema giuridico romanistico e diritto cinese：considerazioni sui diritti reali di garanzia*, in *Le nuove leggi cinesi ela codificazione. La legge sui diritti reali*（a cura di S. Schipani e G. Terracina）, Roma, 2009, p. 249 ss. .

意义。对此，我们首先要做两个说明。

（1）需要强调指出，术语"质押"（pegno）指的是不向债权人移转标的物所有权的任一物保，既包括以交付标的物为基础的"给付质押"，也包括"协议质押"。后者最早被称为"抵押"（ipoteca），它无需交付标的物，而以双方的合意为基础（D. 20. 1. 5. 1）。故此，在现代意义上，质押这一主题包括质押（以动产为标的物）和抵押（以不动产为标的物）两对存在差异的范畴。当然，这两对范畴已经出现在原始文献中（D. 13. 7. 9. 2；J. 4. 6. 7）。

（2）同样需要强调的是，本章中质押是从诉的角度、从最初的保护手段的角度而被加以论述的。如前所述，裁判官认为此等法律关系值得保护；而最初赋予的保护形式便是事实之诉。从某种意义上讲，是诉的赋予塑造了该诉所保护的主观权利。此种诉的优先性，反映在《学说汇纂》对该论题的安排中，正因为如此，它与请求返还之诉一起，被统一论述。我们知道，事实之诉要求关注事实，因为事实是裁判官赋予诉的理由。基于此，需要对作为该诉之前提的事实进行分析。《学说汇纂》并未将物的交付作为该事实的构成要件（但物的交付这一要件却是优帝《法学阶梯》将其列为要物合同的动因），原因在于：诉的事实要件具有一统性（unitarietà），而物的交付不存于所有质押之中，故而它不能被统一论述。另外，需提及的是质押包含的协议。该协议最初置身于信托的庄严仪式之中，而后从中分离出来，并且根据协议即可在物上设立担保：这也决定了 D. 20. 1（关于质押和抵押，它们如何成立，与它们相关的简约）的内容。但是，整合本章的论述时，需综合考虑上述两个角度（物的交付和协议）。

如上所述，"与债权人之信托"涉及要式物，须通过曼今巴蓄完成。该制度中，物的所有权移转于债权人，当债务人履行债务时，债权人需返还所有权；而当债务未清偿时，信托所有权转变为债权人的纯正所有权；若信托物的价值高于债务时，债务人对差额不享有任何权利。鉴于此，在信托协议中经常约定如下条款：若信托物的价值高于债务时，则债权出卖后须向债务人归还差额；反之，若出卖信托物的价款不足以满足债权时，则债权人享有差额债权。早在公元前2世纪，就出现了一种以动产为标的物的担保。由于标的物是动产，不属于要式物，故而无须通过曼兮巴蓄完成。具体言之，此种动产担保涉及的是土地承租人携带至土地、用于耕作的农具，人们将之编制成清单。在这过程中，通过某种意义的交付（携带至土地），农具的所有权很可能被土地的所有权直接吸收，从而设立了担保。还需指出，在早于程式诉讼之前的法律诉讼中，存在一种"扣押之诉"，据此，债权人在债务清偿之前无义务归还标的物（参见 Gai. 4. 26 – 29）。

协议质押正是源于上述涉及农具之法律情形，它出现于公元前2世纪末。该制度的确定经历了一个漫长的过程。最初，债权人可通过占有令状保护其占有，以对抗所有人之外的其他人；而对该制度最终成为物保起决定性作用的是公元前1世纪赛尔维诉讼的创立。该诉实际上是拟制的原物返还之诉，即旨在重获对物的实际控制的对物之诉。在失去占有的情况下，质权人可通过在程式中描述事实，对现占有人提起该诉。该诉的构成要件是：①质押为业已存在的债务而设立；②质物为债务人之财产；③债务未清偿且债权未因其他原因而获满足。

给付质押遵循协议质押的径路。将物之交付作为一种合意、协议看待，也并非难事。

如前所述，质押可由债务人、第三人设立——只要质物属于他们的财产。需要指出的是，质押人对物的权利，可以是纯正所有权，也可以是裁判官所有权或行省所有权，甚至对某地享有赋税田权（*Ius in agro vectigali*）的人也可质押该地。并且，占有某物的人存在占有取得的可能性时，或许也可质押标的物。

质押物可以是有体物。公元 1 世纪，出现了整体财产上的抵押。古典法时期，出现了债权质押。

质押的设立须以存在主债权为要件。若缺少这一要件，质押不成立。若债务因清偿或其他原因（如免除）而消灭，则质押消灭。在不完全消灭债权的情况下，质权在何种范围内消灭？对于这个问题，争论纷纭。另外，主债权可以是自然债权。

在同一物上同时为多个债权人设定质押的，最初的规则是取得占有的债权人享有优先权；其后的规则是诸质权人平等享有质权。在同一物上先后为多个债权人设定质押的，则按设定时间的顺序依次受偿（即所谓抵押次序），后次序人在前次序人实现债权后的剩余价值上受偿。

古典法中，若债权未获满足，债权人可获得质押物的所有权。但是，此等基于解约条款（*lex commissoria*）的取得所有权之权利，并非自动实现，而需要债权人作出使用该条款的意思表示（债权人和债务人之间所有权移转的成立要件是饶有意味的）。相对于上述解约条款，作为后来成为质押行为常数的"出卖简约"（*patto di vendita*）在实践中更加流行。根据"出卖简约"，债权人享有处分质物的权利。与古老的信托制度中的信托所有权人不同，此处的债权人并非作为所有权人处分质物（同样，此处的成立要件也是饶有意味的。但是笔者无法在此讨论）。当债权获得满足后，债权人有义务向债务人或质押人（第三人）归还差额。在债权人难出出卖质物时，根据最古老的模式，债权人有权自己购买之。而在君士坦丁堡时期，禁止债权人取得质物；优士丁尼时期，则采取了更谨慎的做法，以防止强势一方当事人进行投机行为而损害债务人。

本章逐个探讨了许多颇具意义的问题。玻蒂埃的解读顺序如下：

出质人之诉：诉的享有者，向谁提起诉：D. 13. 7. 33；D. 13. 7. 9. 4；D. 13. 7. 22. 2；D. 13. 7. 28. 1；D. 13. 7. 11. 6 – 7；（D. 20. 1. 2）。

何时提起诉：D. 13. 7. 9. 3；D. 13. 7. 11. 3；D. 13. 7. 11. 5；D. 13. 7. 8. 1；D. 13. 7. 22pr. – 1；（D. 46. 3. 74；D. 50. 17. 46）；D. 13. 7. 24. 1；D. 13. 7. 11pr. ；D. 13. 7. 20. 3；D. 13. 7. 34；D. 13. 7. 39；D. 13. 7. 20. 2；D. 13. 7. 9. 3；（D. 23. 3. 50. 1）；D. 13. 7. 11. 2；D. 13. 7. 24. 3；D. 13. 7. 43；D. 13. 7. 9. 5；D. 13. 7. 10。

该诉包含的内容：D. 13. 7. 40. 2；D. 13. 7. 13. 1. 30；D. 13. 7. 14；D. 13. 7. 15；D. 13. 7. 24. 3；D. 13. 7. 43. 1；D. 13. 7. 42；D. 13. 7. 24. 2；D. 13. 7. 6. 1；D. 13. 7. 7；D. 13. 7. 13pr. 。

质权人之对立诉：发生原因（五类原因）：D. 7. 3. 8pr. ；D. 7. 3. 25；D. 7. 3. 22. 3；D. 7. 3. 3；D. 7. 3. 22. 4；D. 7. 3. 23；D. 7. 3. 36；D. 7. 3. 9；D. 7. 3. 16. 1；D. 50. 17. 32；D. 7. 3. 36. 1；D. 7. 3. 31。

对此，笔者需要指出，玻蒂埃一方面将本章中许多片断安排在《学说汇纂》的其他章节主题（尤其是质押 D. 20）下加以论述；另一方面，又将优士丁尼《法典》（尤其是 C. 8. 13）中的许多片断安排在本主题中加以分析。对于优士丁尼《法典》的片断，笔者并未提及。

8. 本卷中译本由华东政法大学的张长绵博士从拉丁文译出。译文经过了腊兰（Lara Colangelo）博士的校对。整个翻译过程在罗马完成。张长绵是博士罗马第一大学（"Sapienza" Università di Roma）和罗马第二大学（Università di Roma Tor

Vergata）合作博士项目"罗马法体系和法的统一化"（笔者是该项目的协调人）的注册博士生。张长绵博士完成学业后，将回到华东政法大学进行学术研究活动。

该项翻译是"罗马法体系下的中国法典化和法学人才培养研究中心"系列项目之一。该中心由罗马第一大学、罗马第二大学、意大利国家科研委员会文化统一处、中国政法大学共同组建。在完成《民法大全选译》计划后，本卷的翻译又将我们宏伟的《学说汇纂》翻译工程向前推进了一步。能与中国的同仁通力合作，共同完成这一工程，笔者深感荣幸。本书的出版得到上述中心的赞助。

桑德罗·斯奇巴尼

罗马第一大学教授

2013 年 12 月 22 日于罗马

凡 例

1. 本书采用拉丁文与中文对照形式编排，拉丁文在左，中文居右。书中的拉丁文原文来源于意大利罗马第一大学桑德罗·斯奇巴尼教授主编的 *IUSTINIANIAUGUSTIDIGESTASE-UPANDECTAE*（MILANO-DOTT. A. GIUFFRèEDITORE – 2007）一书。

2. 拉丁文原文下方脚注中的"Mo. – Kr."是指"*Corpus Iuris Civilis，Volumen Primum，…Digesta，ricognovit The odorus Mommsen，Retractavit Paulus Krueger* [*editio stereotypa duodecima*，1911]，rist. Hildesheim，2000"一书。

3. 拉丁文原文下方脚注中的"Mo. ed. maior"是指"*Digesta Iustiniani Augusti recognovit，adsumpto in operis societatem Paulo Kruegerio，Th. Mommsen*，Berlin，1868～1870（rist. Goldbach，2001)"一书。

4. 拉丁文原文下方脚注中的"Hal."是指"*Digestorum seu Pandectarum iuris civilis libri quinquaginta，nunc primumad fidem Pandectarum Florentina rum sex centis loci emendati，supra Gregorij Haloandri editionem*，Parisiis，1548"一书。

5. 拉丁文原文下方脚注中的"Ed. Mil."是指"*Digesta Iu stiniani Augusti，recognoverunt et ediderunt P. Bonfante，C. Fadda，C. Ferrini，S. Riccobono，V. Scialoia iuris antecessores，Mediolani*，1931"一书。

6. 为了中文读者阅读及引用方便，译者将拉丁文片段用"D"、"pr."和阿拉伯数字进行了重新标示，如"D. 13. 1. 1"、"D. 13. 1. 7pr."等。

7. 优士丁尼《学说汇纂》的原始文献中并无标点。此书拉丁文中的标点皆为法史鸿儒蒙森所加。为了照顾中文的表达习惯，译文中的标点与拉丁文中的标点不尽对应。

8. 部分片段结尾处用的是逗号、冒号或分号等不是表示句子完结的标点，甚至可能没有任何标点，乃是因为它们与下一片段关系密切，共同构成一个完整的论述。

9. 拉丁文脚注中"〈 〉"里的内容，是相对于其他版本，斯奇巴尼版本所增加的字母或单词。

10. 拉丁文脚注中"〔 〕"里的内容，是相应版本中被删除的字母或单词。

11. 拉丁文脚注中"「 」"里的内容，是其他版本中被替换的字母或单词。

12. 译文中"（ ）"里的内容，要么是对拉丁文原文固有内容的翻译，要么是为了便于读者理解而有必要放于其中的拉丁文专有名词，如"质押（pignus）"。

13. 译文中"【 】"里的内容，是译者为了文义的明确或者文气的贯通而做的"添加"。

14. 文中人名、地名原则上按照拉丁文音译，除非已有通常译法，不宜另起炉灶，如"乌尔比安"、"保罗"、"罗马"等。法律术语之翻译，则多从斯学先达，未敢擅自发明。

译　者

2015 年 11 月 22 日

目　录

Index

优士丁尼学说汇纂

第十三卷

要求归还物的诉讼

IUSTINIANI AUGUSTI DIGESTA SEU PANDECTAE

LIBER XXⅢ

DE CONDICTIONIBUS
DE COMMODATI ET DE PIGNERATICIA ACTIONE

I

DE CONDICTIONE FURTIVA

D. 13. 1. 1   *ULPIANUS libro octavo decimo ad Sabinum*
In furtiva re soli domino condictio competit.

D. 13. 1. 2   *POMPONIUS libro sexto decimo ad Sabinum*
Condictione ex causa furtiva et furiosi et infantes obligantur, cum heredes necessarii exstiterunt, quamvis cum eis agi non possit.

D. 13. 1. 3   *PAULUS libro nono ad Sabinum*
Si condicatur servus ex causa furtiva, id venire in condictionem certum est quod intersit agentis, veluti si heres sit institutus et periculum subeat dominus hereditatis perdendae. quod et Iulianus scribit. item si mortuum hominem condicat, consecuturum ait pretium hereditatis.

D. 13. 1. 4   *ULPIANUS libro quadragensimo primo ad Sabinum*
Si servus vel filius familias furtum commiserit, condicendum est domino id quod ad eum pervenit: in residuum noxae servum dominus dedere potest

D. 13. 1. 5   *PAULUS libro nono ad Sabinum*
Ex furtiva causa filio familias condici potest: numquam enim ea condictione alius quam qui fecit tenetur aut heres eius.

第一章
源于盗窃的请求返还之诉

D. 13. 1. 1　乌尔比安：《萨宾评注》第 18 卷
在盗窃情形中，请求返还之诉仅赋予所有权人。

D. 13. 1. 2　彭波尼：《萨宾评注》第 16 卷
尽管精神病人和幼儿不得被起诉，但当他们成为必要继承人时，仍可因盗窃而受请求返还之诉的束缚。

D. 13. 1. 3　保罗：《萨宾评注》第 9 卷
在因盗窃需返还某奴隶之情形中，毫无疑问，应考虑原告的利益。例如，在该奴隶于遗嘱中已被指定为继承人之情形中，主人就需承受失去遗产之风险。尤里安也如此写到。同样，如某人起诉请求给付已去世的奴隶，【尤里安】认为，该人将从遗产中获得对价

D. 13. 1. 4　乌尔比安：《萨宾评注》第 41 卷
奴隶或家子盗窃，应向主人【或家父】请求返还。就剩余部分，主人可投偿奴隶。

D. 13. 1. 5　保罗：《萨宾评注》第 9 卷
因盗窃，家子可被提起请求返还之诉。实际上，除盗贼和其继承人之外，其他人都不受请求返还之诉的约束。

D. 13. 1. 6 *ULPIANUS libro trigensimo octavo ad edictum*

Proinde etsi ope consilio alicuius furtum factum sit, condictione non tenebitur, etsi furti tenetur.

D. 13. 1. 7pr. *IDEM libro quadragensimo secundo ad Sabinum*

Si pro fure damnum decisum sit, condictionem non impediri verissimum est: decisione enim furti quidem actio, non autem condictio tollitur.

D. 13. 1. 7. 1

Furti actio poenam petit legitimam, condictio rem ipsam. ea res facit, ut neque furti actio per condictionem neque condictio per furti actionem consumatur. is itaque, cui furtum factum est, habet actionem furti et condictionem et vindicationem, habet et ad exhibendum actionem.

D. 13. 1. 7. 2

Condictio rei furtivae, quia rei habet persecutionem, heredem quoque furis obligat, nec tantum si vivat servus furtivus, sed etiam si decesserit: sed et si apud furis heredem diem suum obiit servus furtivus vel non apud ipsum, post mortem tamen furis, dicendum est condictionem adversus heredem durare. quae in herede diximus, eadem erunt et in ceteris successoribus.

D. 13. 1. 8pr. *IDEM libro vicensimo septimo ad edictum*

In re furtiva condictio ipsorum corporum competit: sed utrum tamdiu, quamdiu exstent, an vero et si desierint esse in rebus humanis? et si quidem optulit fur, sine dubio nulla erit condictio: si non optulit, durat condictio aestimationis eius: corpus enim ipsum praestari non potest.

D. 13. 1. 6　　乌尔比安：《告示评注》第38卷

因此，帮助或教唆他人盗窃，尽管受盗窃之诉之束缚，但不受请求返还之诉之约束。

D. 13. 1. 7pr.　　乌尔比安：《萨宾评注》第42卷

若盗窃之损害已通过和解达成，没有理由不赋予请求返还之诉，【此种观点】无比正确。实际上，因该和解而消灭的是盗窃之诉，而非请求返还之诉。

D. 13. 1. 7. 1

盗窃之诉旨在要求法定惩罚赔偿。请求返还之诉【旨在要求】原物。故此，盗窃之诉不会消灭请求返还之诉，反之亦然。因此，被盗人既享有盗窃之诉，又享有请求返还之诉和返还原物之诉，还享有出示之诉。

D. 13. 1. 7. 2

请求给付盗窃物之诉旨在恢复遭受的财产损失，因此它也约束盗贼的继承人，而无论被盗奴隶尚存活抑或已死亡。若被盗奴隶在继承人处死亡，或者虽不在继承人处死亡，但死于盗贼死亡之后，则必须指出：对继承人的请求返还之诉续存。上述关于继承人的规则，同样适用于其他诸多类型之继承人。

D. 13. 1. 8pr.　　乌尔比安：《告示评注》第27卷

在盗窃情形下，赋予请求返还之诉，请求返还物质形态上的原物。但这只适用于原物尚存之情形，还是亦适用于该物灭失之情形呢？若盗贼作出【归还物】之行为，毫无疑问，不存在请求返还之诉；若未作出该行为，该诉及于物之估价，因为不能给付物质形态上的原物。

D. 13. 1. 8. 1

Si ex causa furtiva res condicatur, cuius temporis aestimatio fiat, quaeritur. placet tamen id tempus spectandum, quo res umquam plurimi fuit, maxime cum deteriorem rem factam fur dando non liberatur: semper enim moram fur facere videtur.

D. 13. 1. 8. 2

Novissime dicendum est etiam fructus in hac actione venire.

D. 13. 1. 9   *IDEM libro trigensimo ad edictum*

In condictione ex causa furtiva non pro parte quae pervenit, sed in solidum tenemur, dum soli heredes sumus, pro parte autem heres pro ea parte, pro qua heres est, tenetur.

D. 13. 1. 10pr.   *IDEM libro trigensimo octavo ad edictum*

Sive manifestus fur sive nec manifestus sit, poterit ei condici. ita demum autem manifestus fur condictione tenebitur, si deprehensa non fuerit a domino possessio eius: ceterum nemo furum condictione tenetur, posteaquam dominus possessionem adprehendit. et ideo Iulianus, ut procedat in fure manifesto tractare de condictione, ita proponit furem deprehensum aut occidisse aut fregisse aut effudisse id quod interceperat.

D. 13. 1. 10. 1

Ei quoque, qui vi bonorum raptorum tenetur, condici posse Iulianus libro vicensimo secundo digestorum significat.

D. 13. 1. 8. 1

因盗窃而返还物，产生如下问题：物的估价时间。但是，如下观点是合适的：以物之价值最高时为准，原因主要在于：盗贼交付贬值的物，并不能解脱【债的束缚】。实际上，人们认为盗贼始终处于迟延状态。

D. 13. 1. 8. 2

最后，需要指出，在该诉中还需考虑孳息。

D. 13. 1. 9　乌尔比安：《告示评注》第 30 卷

根据因盗窃之请求返还之诉，只有我们才是继承人，我们就须对整体负债，而不是按份负债。而部分遗产继承人，以其继承的份额按份负债。

D. 13. 1. 10pr.　乌尔比安：《告示评注》第 38 卷

无论是现行盗贼抑或非现行盗贼，都可对其提起请求返还之诉。此外，现行盗贼须受请求返还之诉的束缚——只要所有人未重获被盗物之占有；相反，若所有人已重获占有，则任何类型的盗贼都不受请求返还之诉的束缚。故此，为使现行盗窃之请求返还之诉的探讨进行下去，尤里安提出了如下假设：被擒获的盗贼已杀害、折断或耗尽窃取之东西。

D. 13. 1. 10. 1

尤里安在《学说汇纂》第 22 卷中指出，请求返还之诉也可对须为抢劫负责之人提起。

D. 13. 1. 10. 2

Tamdiu autem condictioni locus erit, donec domini facto dominium eius rei ab eo recedat: et ideo si eam rem alienaverit, condicere non poterit.

D. 13. 1. 10. 3

Unde Celsus libro duodecimo digestorum scribit, si rem furtivam dominus pure legaverit furi, heredem ei condicere non posse: sed et si non ipsi furi, sed alii, idem dicendum est cessare condictionem, quia dominium facto testatoris, id est domini, discessit.

D. 13. 1. 11   *PAULUS libro trigensimo nono ad edictum*

Sed nec legatarius condicere potest: ei enim competit condictio, cui res subrepta est, vel heredi eius: sed vindicare rem legatam ab eo potest.

D. 13. 1. 12pr.   *ULPIANUS libro trigensimo octavo ad edictum*

Et ideo eleganter Marcellus definit libro septimo: ait enim: si res mihi subrepta tua remaneat, condices. sed et si dominium non tuo facto amiseris, aeque condices.

D. 13. 1. 12. 1

In communi igitur re eleganter ait interesse, utrum tu provocasti communi dividundo iudicio an provocatus es, ut, si provocasti communi dividundo iudicio, amiseris condictionem, si provocatus es, retineas.

D. 13. 1. 10. 2

另外，只要所有人不因自身行为而失去物之所有权，就可提起请求返还之诉；据此，若其转让了该物，则不能提起请求返还之诉。

D. 13. 1. 10. 3

故此，杰尔苏在《学说汇纂》第 12 卷写道：若所有人不附任何条件地遗赠盗窃物给窃贼，则继承人不能对窃贼提起请求返还之诉；即使并非遗赠给该窃贼，而是【遗赠给】其他人时，则必须说：结果是一样的，即请求返还之诉消灭，理由在于：所有权，因遗嘱人即所有人的行为，已与【原所有人】分离。

D. 13. 1. 11　保罗：《告示评注》第 39 卷

但受遗赠人也不得提起请求返还之诉；实际上，请求返还之诉赋予东西被偷之人或其继承人。但是，【受遗赠人】可向他【即盗贼】要求返还遗赠物【的所有权】。

D. 13. 1. 12pr.　乌尔比安：《告示评注》第 38 卷

因此，马尔切勒在第 7 卷中精辟界定【该争议问题】，实际上，他认为：被我所窃之物仍归属于你，你可提起请求返还之诉。即使物之所有权非因你本身行为而失去，你同样可以提起请求返还之诉。

D. 13. 1. 12. 1

总之，他精辟地指出，就共有物而言，是你提起分割共有物之诉，还是被提起分割共有物之诉，存在区别。因为：若是你提起分割共有物之诉物，则你失去请求返还之诉；若你被提起分割共有物之诉，则保有之。

D. 13. 1. 12. 2

Neratius libris membranarum Aristonem existimasse refert eum, cui pignori res data sit, incerti condictione acturum, si ea subrepta est.

D. 13. 1. 13   *PAULUS libro trigensimo nono ad edictum*

Ex argento subrepto pocula facta condici posse Fulcinius ait: ergo in condictione poculorum etiam caelaturae aestimatio fiet, quae impensa furis facta est, quemadmodum si infans subreptus adoleverit, aestimatio fit adulescentis, quamvis cura et sumptibus furis creverit.

D. 13. 1. 14pr.   *IULIANUS libro vicensimo secundo digestorum*

Si servus furtivus sub condicione legatus fuerit, pendente ea heres condictionem habebit et, si lite contestata condicio exstiterit, absolutio sequi debebit, perinde ac si idem servus sub condicione liber esse iussus fuisset et lite contestata condicio exstitisset: nam nec petitoris iam interest hominem recipere et res sine dolo malo furis eius esse desiit. quod si pendente condicione iudicaretur, iudex aestimare debebit, quanti emptorem invenerit.

D. 13. 1. 14. 1

Cavere autem ex hac actione petitor ei cum quo agitur non debebit.

D. 13. 1. 12. 2

内拉蒂在《羊皮纸文稿》提到：阿里斯托认为，某人给付物以设定质权，若该物被盗，则可提起不特定物的请求返还之诉（condictioincerta）。

D. 13. 1. 13　保罗：《告示评注》第 39 卷

福尔齐尼乌斯认为：可以提起请求返还之诉，要求返还用被窃之银制造的杯子。因此在请求返还杯子之诉中，估价还包括窃贼制造杯子的费用。同样，一个婴儿【奴隶】被盗，后成年，应对成年之奴隶进行估价，尽管他是在窃贼的照顾下、花费窃贼之费用而成长的。

D. 13. 1. 14pr.　　尤里安：《学说汇纂》第 22 卷

被盗奴隶被附条件遗赠，在条件悬置期间，继承人可提起请求返还之诉；在争讼程序后，条件成就的，应开释【被告】。同样，奴隶被附条件遗嘱解放，在争讼程序后，条件成就的，【应开释被告】。实际上，此时重获奴隶对请求者没有任何利益，该物【指奴隶】并非因盗贼之故意而不再归属于他。若条件【仍旧】悬置而需判决，则承审员须以【市场上】买家的价格进行估价。

D. 13. 1. 14. 1

该诉的原告无需向其起诉的对象提供担保要式口约。

D. 13. 1. 14. 2

Bove subrepto et occiso condictio et bovis et corii et carnis domino competit, scilicet si et corium et caro contrectata fuerunt: cornua quoque condicentur. sed si dominus condictione bovis pretium consecutus fuerit et postea aliquid eorum, de quibus supra dictum est, condicet, omnimodo exceptione summovetur. contra si corium condixerit et pretium eius consecutus bovem condicet, offerente fure pretium bovis detracto pretio corii doli mali exceptione summovebitur.

D. 13. 1. 14. 3

Idem iuris est uvis subreptis: nam et mustum et vinacia iure condici possunt.

D. 13. 1. 15   *CELSUS libro duodecimo digestorum*

Quod ab alio servus subripuit, eius nomine liber furti tenetur: condici autem ei non potest, nisi liber contrectavit.

D. 13. 1. 16   *POMPONIUS libro trigensimo octavo ad Quintum Mucium*

Qui furtum admittit vel re commodata vel deposita utendo, condictione quoque ex furtiva causa obstringitur: quae differt ab actione commodati hoc, quod, etiamsi sine dolo malo et culpa eius interierit res, condictione tamen tenetur, cum in commodati actione non facile ultra culpam et in depositi non ultra dolum malum teneatur is, cum quo depositi agetur.

D. 13. 1. 14. 2

公牛被盗后被宰杀，赋予公牛所有人请求返还公牛、牛皮、牛肉之诉，显然，【此种情形下】牛皮、牛肉也被盗。此外，还可提起诉讼请求返还牛角。但是，如果所有人已通过请求返还之诉获得公牛之价格，其后他又提起请求返还上述列举的东西之一的诉讼，无论如何都可被抗辩。不同的是，如果所有人提起请求返还牛皮之诉并获得其价格，其后又提起请求返还公牛之诉，只要盗贼支付扣除牛皮之后的牛之价格，则因欺诈抗辩被驳回。

D. 13. 1. 14. 3

同样的法律适用于葡萄被盗：实际上，通过请求返还之诉，葡萄汁和葡萄渣，可正当地被要求返还。

D. 13. 1. 15　杰尔苏：《学说汇纂》第 12 卷

就奴隶从他人处盗窃所得之物，一旦【该奴隶】成为自由人，就受盗窃【罚金】之诉的束缚；另一方面，不能对其提起请求返还之诉，除非其成为自由人后盗窃。

D. 13. 1. 16　彭波尼：《昆图斯·穆奇评注》第 38 卷

某人因使用借用物或寄存物构成盗窃，其也受源于盗窃的请求返还之诉之束缚。后者不同于使用借贷之诉之处在于：即使物非因其故意或过失而灭失，他仍受请求返还之诉的束缚；而在使用借贷之诉中，若被告无过失，在寄存之诉中，若被告无故意，则很难让其受【请求返还之诉】束缚。

D. 13. 1. 17   *PAPINIANUS libro decimo quaestionum*

Parvi refert ad tollendam condictionem, offeratur servus furtivus an in aliud nomen aliumque statum obligationis transferatur: nec me movet, praesens homo fuerit nec ne, cum mora, quae eveniebat ex furto, veluti quadam delegatione finiatur.

D. 13. 1. 18   *SCAEVOLA libro quarto quaestionum*

Quoniam furtum fit, cum quis indebitos nummos sciens acceperit, videndum, si procurator suos nummos solvat, an ipsi furtum fiat. et Pomponius epistularum libro octavo ipsum condicere ait ex causa furtiva: sed et me condicere, si ratum habeam quod indebitum datum sit. sed altera condictione altera tollitur.

D. 13. 1. 19   *PAULUS libro tertio ad Neratius*

Iulianus ex persona filiae, quae res amovit, dandam in patrem condictionem in peculium respondit.

D. 13. 1. 20   *TRYPHONINUS libro quinto decimo disputationum*

Licet fur paratus fuerit excipere condictionem et per me steterit, dum in rebus humanis res fuerat, condicere eam, postea autem perempta est, tamen durare condictionem veteres voluerunt, quia videtur, qui primo invito domino rem contrectaverit, semper in restituenda ea, quam nec debuit auferre, moram facere.

D. 13. 1. 17　帕比尼安:《争议集》第 10 卷

为消灭请求返还之诉,【如下情形】只存在微小差异:归还被盗奴隶或将【请求返还】债权转化为其他各种名义或其他各种性质的债权。我认为,该奴隶【是否】存活,并不产生影响,因为【在后一种情形】,因盗窃产生的迟延状态消灭,仿佛发生了债之替代一样。

D. 13. 1. 18　谢沃拉:《争议集》第 4 卷

在明知的情况下,接受非债之金钱给付构成盗窃,那么,需要考察:如果是代理人以自己的金钱清偿,是否构成对该代理人本身的盗窃? 彭波尼在《书信集》第 8 卷指出:代理人可提起源于盗窃之请求返还之诉,但是我【指被代理人】亦可提起该诉——只要认可该非债给付,但两诉构成竞合。

D. 13. 1. 19　保罗:《内拉蒂评注》第 3 卷

对于家女盗窃,尤里安回答道:应在特有产范围内对家父提起请求返还之诉。

D. 13. 1. 20　特里芬尼鲁斯:《论断集》第 15 卷

即使盗贼已准备应诉,但是只要该被盗物尚存,则是否提起请求返还之诉,取决于我。其后若该物灭失,而古代【法学家】希望请求返还之诉续存,因为人们认为:当某人违背所有人意愿带走某物时,该人就开始并永远处于归还他不得拿取之物的迟延状态。

II
DE CONDICTIONE EX LEGE

D. 13. 2. 1   *PAULUS libro secundo ad Plautium.*

Si obligatio lege nova introducta sit nec cautum eadem lege, quo genere actionis experiamur, ex lege agendum est.

第二章
依据法律的请求返还之诉

D. 13. 2. 1　保罗:《普劳提评注》第 2 卷

若债根据新的法律创设，而该法律又未规定可以提起的诉讼类型，则应根据法律提起诉讼。

III
DE CONDICTIONE TRITICIARIA

D. 13. 3. 1pr.   *ULPIANUS libro vicensimo septimo ad edictum*

Qui certam pecuniam numeratam petit, illa actione utitur si certum petetur: qui autem alias res, per triticariam condictionem petet.
et generaliter dicendum est eas res per hanc actionem peti, si quae
sint praeter pecuniam numeratam, sive in pondere sive in mensura
constent, sive mobiles sint sive soli. quare fundum quoque per hanc
actionem petimus et si vectigalis sit sive ius stipulatus quis sit, veluti
usum fructum vel servitutem utrorumque praediorum.

D. 13. 3. 1. 1

Rem autem suam per hanc actionem nemo petet, nisi ex causis
ex quibus potest, veluti ex causa furtiva vel vi mobili abrepta.

D. 13. 3. 2   *IDEM libro octavo decimo ad Sabinum*

Sed et ei, qui vi aliquem de fundo deiecit, posse fundum condici Sabinus scribit et ita et Celsus, sed ita, si dominus sit qui dei-
ectus condicat: ceterum si non sit, possessionem eum condicere Celsus ait.

第三章
请求返还小麦之诉

D. 13. 3. 1pr.　乌尔比安:《告示评注》第27卷

某人请求给付特定数额的现金,使用此诉——"请求给付特定物"(si certum petetur);某人请求返还其他物,则以【所谓】请求返还小麦之诉提起。一般而言,必须指出:根据该【后一个】诉可请求的物,是除现金外的所有可称量的物,不动产或是动产,在所不问。因此,根据该诉我们也可请求返还土地——即使是"赋税田",或者根据要式口约产生的权利,如用益权、于任何土地上设定的地役权。

D. 13. 3. 1. 1

另外,任何人不得根据该诉请求返还自己之物,除非存在可以【提起该诉】的理由,如因被盗窃或动产被强行夺取。

D. 13. 3. 2　乌尔比安:《萨宾评注》第18卷

萨宾如此写道:对于用暴力将他人从土地上赶走之人,也可提起请求返还土地之诉。杰尔苏同样如此认为:只要被驱赶之人是所有人,他就可提起请求返还之诉;否则,杰尔苏认为,他可提起要求返还占有之诉。

D. 13. 3. 3 *IDEM libro vicensimo septimo ad edictum*

In hac actione si quaeratur, res quae petita est cuius temporis aestimationem recipiat, verius est quod Servius ait, condemnationis tempus spectandum: si vero desierit esse in rebus humanis, mortis tempus, sed ἐνπλάτει *tei* secundum Celsum erit spectandum: non enim debet novissimum vitae tempus aestimari, ne ad exiguum pretium aestimatio redigatur in servo forte mortifere vulnerato. in utroque autem, si post moram deterior res facta sit, Marcellus scribit libro vicensimo habendam aestimationem, quanto deterior res facta sit: et ideo, si quis post moram servum eluscatum dederit, nec liberari eum: quare ad tempus morae in his erit reducenda aestimatio.

D. 13. 3. 4 *GAIUS libro nono ad edictum provinciale*

Si merx aliqua, quae certo die dari debebat, petita sit, veluti vinum oleum frumentum, tanti litem aestimandam Cassius ait, quanti fuisset eo die, quo dari debuit: si de die nihil convenit, quanti tunc, cum iudicium acciperetur. idemque iuris in loco esse, ut primum aestimatio sumatur eius loci, quo dari debuit, si de loco nihil convenit, is locus spectetur, quo peteretur. quod et de ceteris rebus iuris est.

D. 13. 3. 3 乌尔比安：《告示评注》第 27 卷

该诉中，产生如下问题：请求物估价应以何时为准？塞尔维的观点更准确：应以判决之时为准。但若【奴隶】已不复存在，根据杰尔苏的观点，应以死亡之时为准，但是应从广义上理解。实际上，不应以生命的最后时刻为准，否则一个因意外受伤死亡的奴隶之估价，将被减至非常低。在这两种情况下，履行迟延后物贬损，马尔切勒在第 20 卷写道：应对贬损进行估价。故此，某人在履行迟延后交付一眼失明的奴隶，他并不能从债中解脱。因此，此等情形下，估价应以履行迟延开始之时为准。

D. 13. 3. 4 盖尤斯：《行省告示评注》第 9 卷

诸如酒、油、小麦等物品需在某特定日交付，该物现在被请求交付，卡西认为：以应交付日的价值进行估价。若未对交付日达成协议，应以接受程式之日【的价值进行估价】。此等法律【根据卡西的观点】同样适用于特定地的履行，即首先以应交付地【的价值】进行估价。若未对交付地达成协议，应以提出诉讼请求地为准。另外，此等法律适用于任何此类情形。

IV
DE EO QUOD CERTO LOCO DARI OPORTET

D. 13. 4. 1   *GAIUS libro nono ad edictum provinciale*

Alio loco, quam in quem sibi dari quisque stipulatus esset, non videbatur agendi facultas competere. sed quia iniquum erat, si promissor ad eum locum, in quem daturum se promisisset, numquam accederet (quod vel data opera faceret vel quia aliis locis necessario distringeretur), non posse stipulatorem ad suum pervenire, ideo visum est utilem actionem in eam rem comparare.

D. 13. 4. 2pr.   *ULPIANUS libro vicensimo septimo ad edictum*

Arbitraria actio utriusque utilitatem continet tam actoris quam rei: quod si rei interest, minoris fit pecuniae condemnatio quam intentum est, aut si actoris, maioris pecuniae fiat.

D. 13. 3. 4. 2. 1

Haec autem actio ex illa stipulatione venit, ubi stipulatus sum a te Ephesi decem dari.

D. 13. 4. 2. 2

Si quis Ephesi decem aut Capuae hominem dari stipulatus experiatur, non debet detracto altero loco experiri, ne auferat loci utilitatem reo.

第四章
关于应在特定地方给付的物

D. 13. 4. 1　　盖尤斯:《行省告示评注》第 9 卷

人们认为:不能在双方要式口约规定的给付地之外行使诉权。但是,承诺人从不去其承诺的给付地(或因故意不去,或有在他地履行之需),致使要约人不能获得其应有的,这是不公平的。故而应认为:此种情形,有必要专门规定扩用之诉。

D. 13. 4. 2pr.　　乌尔比安:《告示评注》第 27 卷

仲裁诉讼,对任何一方都可有利,无论是原告还是被告。若【在特定地方履行】对被告有利,而【在其他地方】提起诉讼请求的,可判决少于该请求数额的金钱;相反,若对原告有利,可判决高于该请求金额的金钱。

D. 13. 4. 2. 1

实际上,该诉来源于如下要式口约:你向我承诺在以佛所给付 10【币】。

D. 13. 4. 2. 2

若某人以要式口约之形式被承诺:在以佛所被给付 10【币】或在卡普阿被给付奴隶,该人实现【该债权】时,不能不顾履行地,以免损害被告的【选择】履行地的利益。

D. 13. 4. 2. 3

Scaevola libro quinto decimo quaestionum ait non utique ea, quae tacite insunt stipulationibus, semper in rei esse potestate, sed quid debeat, esse in eius arbitrio, an debeat, non esse. et ideo cum quis Stichum aut Pamphilum promittit, eligere posse quod solvat, quamdiu ambo vivunt: ceterum ubi alter decessit, extingui eius electionem, ne sit in arbitrio eius, an debeat, dum non vult vivum praestare, quem solum debet. quare et in proposito eum, qui promisit Ephesi aut Capuae, si fuerit in ipsius arbitrio, ubi ab eo petatur, conveniri non potuisse: semper enim alium locum electurum: sic evenire, ut sit in ipsius arbitrio, an debeat: quare putat posse ab eo peti altero loco et sine loci adiectione: damus igitur actori electionem petitionis. et generaliter definit Scaevola petitorem electionem habere ubi petat, reum ubi solvat, scilicet ante petitionem. proinde mixta, inquit, rerum alternatio locorum alternationi ex necessitate facit actoris electionem et in rem propter locum: alioquin tollis ei actionem, dum vis reservare reo optionem.

D. 13. 4. 2. 4

Si quis ita stipulatur ' Ephesi et Capuae ', hoc ait, ut Ephesi partem et Capuae partem petat.

D. 13. 4. 2. 5

Si quis insulam fieri stipuletur et locum non adiciat, non valet stipulatio.

D. 13. 4. 2. 3

谢沃拉在《争议集》15 卷中认为：要式口约固有的默认的决定权不总是归于债务人，但是，给付何物，则取决于他的选择；然而，是否给付，并不取决于他的选择。因此，某人承诺给付斯提克或帕姆菲洛，他可以选择给付斯提克或帕姆菲洛——只要两者都活着。但是，一旦其中一者死亡，选择权消灭。如此，即使他不愿给付存活的【奴隶】（【如今】他只能向其给付），但是否给付（an debeat）已不取决于他的选择。因此，在上述举的例子中，某人承诺在以佛所或卡普阿给付，如果假定在何地被提起诉讼由该人决定的话，则他不可能被传唤到庭（实际上，他总会选择另一地方）。导致的结果便是：是否给付（an debeat）也由其决定。因此，【谢沃拉】认为：可以选择在两地的任何一地对他提起诉讼，但不能在第三地提起。总之，赋予原告诉讼地的选择权。一般而言，正如谢沃拉指出，原告有选择诉讼地的权利，只有在诉讼之前，被告有履行地选择权。因此，谢沃拉写道：物【债的客体】之选择若与履行地之选择相关，则基于履行地【选择权归属原告之】事由，该选择必须归属原告。相反，你若愿意把该选择权赋予债务人，则【相当于】剥夺了【债权人】的诉。

D. 13. 4. 2. 4

若某人以要式口约的形式被承诺："在以佛所和卡普阿。"【承诺人】如此表述，以致【要约人】须在以佛所请求一部分，在卡普阿请求一部分。

D. 13. 4. 2. 5

若某人以要式口约的形式被承诺建房子给【他】，但没有指明地点，则要式口约无效。

D. 13. 4. 2. 6

Qui ita stipulatur Ephesi decem dari: si ante diem, quam Ephesum pervenire possit, agat, perperam ante diem agi, quia et Iulianus putat diem tacite huic stipulationi inesse. quare verum puto, quod Iulianus ait eum, qui Romae stipulatur hodie Carthagine dari, inutiliter stipulari.

D. 13. 4. 2. 7

Idem Iulianus tractat, an is, qui Ephesi sibi aut Titio dari stipulatus est, si alibi Titio solvatur, nihilo minus possit intendere sibi dari oportere. et Iulianus scribit liberationem non contigisse atque ideo posse peti quod interest. Marcellus autem et alias tractat et apud Iulianum notat posse dici et si mihi alibi solvatur, liberationem contigisse, quamvis invitus accipere non cogar: plane si non contigit liberatio, dicendum ait superesse petitionem integrae summae, quemadmodum si quis insulam alibi fecisset quam ubi promiserat, in nihilum liberaretur. sed mihi videtur summae solutio distare a fabrica insulae et ideo quod interest solum petendum.

D. 13. 4. 2. 6

某人以要式口约的形式被如此承诺："在以佛所被给付10【币】。"若该人在【承诺人】能够到达以佛所之日前提起诉讼，则他错误地提起了诉讼。理由：尤里安也认为，该要式口约默示地固有一个履行期限。对此，我认为，尤里安的看法是正确的。某人在罗马以要式口约之形式被承诺："今天，于迦太基被给付10【币】。"如此，该要式口约无效。

D. 13. 4. 2. 7

同样是尤里安探讨【如下问题】：某人以要式口约形式被承诺——在以佛所【某些东西】被给付于他或提兹；若【该东西】在其他地方被给付于提兹，该人是否仍旧可提起诉讼，请求给付应给予他的东西呢？尤里安写道：【此种给付】不能解脱【债的束缚】，故此，该人可以请求给付【若在以佛所给付将产生的】利益。而马尔切勒从另一个角度讨论【之】，他对尤里安的作品注释道：可以如此认为，即使我在其他地方被给付，也发生【债的束缚】之解脱，只要我不是被强制地、非自愿地接受【给付】。当然，若【债的束缚】之解脱未发生，【马尔切勒】认为：对整个债的请求仍然存在，正如，某人在承诺以外的地方建筑了房子，不发生任何【债的束缚】的解脱。但是我认为，给付金钱不同于建筑房子，因此，只能请求给付【若在以佛所给付将产生的】利益。

D. 13. 4. 2. 8

Nunc de officio iudicis huius actionis loquendum est, utrum quantitati contractus debeat servire an vel excedere vel minuere quantitatem debeat, ut, si interfuisset rei Ephesi potius solvere quam eo loci quo conveniebatur, ratio eius haberetur. Iulianus Labeonis opinionem secutus etiam actoris habuit rationem, cuius interdum potuit interesse Ephesi recipere: itaque utilitas quoque actoris veniet. quid enim si traiecticiam pecuniam dederit Ephesi recepturus, ubi sub poena debebat pecuniam vel sub pignoribus, et distracta pignora sunt vel poena commissa mora tua? vel fisco aliquid debebatur et res stipulatoris vilissimo distracta est? in hanc arbitrariam quod interfuit veniet et quidem ultra legitimum modum usurarum. quid si merces solebat comparare: an et lucri ratio habeatur, non solius damni? puto et lucri habendam rationem.

D. 13. 4. 3   *GAIUS libro nono ad edictum provinciale*

Ideo in arbitrium iudicis refertur haec actio, quia scimus, quam varia sint pretia rerum per singulas civitates regionesque, maxime vini olei frumenti: pecuniarum quoque licet videatur una et eadem potestas ubique esse, tamem aliis locis facilius et levibus usuris inveniuntur, aliis difficilius et gravibus usuris.

D. 13. 4. 4pr.   *ULPIANUS libro vicensimo septimo ad edictum*

Quod si Ephesi petetur, ipsa sola summa petetur nec amplius quid, nisi si quid esset stipulatus, vel si temporis utilitas intervenit.

D. 13. 4. 2. 8

现在，有必要谈谈该诉中承审员的职权：须坚持合同规定的数量，还是须增加或减少它，以考虑债务人在以佛所而非起诉地清偿所产生的利益。遵循拉贝奥的观点，尤里安也注意到：有时原告在以佛所受领有时，享有好处。因此，还须评价原告的利益。实际上，若在海航借款中，【原告】出借金钱，在以佛所受领金钱；而他本身负债，即须在以佛所清偿金钱，【并且该债】负有质权或违约金条款，如何处理？【若】因你的迟延，质物被出卖或违约金条款发生效力，【如何处理？】【若】需向国库缴纳东西，或要式口约债权人的物被以极低的价格出卖，【如何处理？】在该诉讼中，包含裁量条款，需考虑原告的好处，显然，即一般限度外的好处。某人经常采购粮食的，需考虑其利润，还是仅仅是损失呢？我以为还需考虑利润。

D. 13. 4. 3　盖尤斯：《行省告示评注》第 9 卷

因此，该诉讼中，由承审员裁量。因为我们知道，在不同城市、地区，商品的价格各异，尤其是酒、橄榄油、小麦。尽管金钱的价值看起来在任何地方都是唯一和同样的，但是在某些地方，较易借到，利息很低；而在其他地方，很难借到，利息很高。

D. 13. 4. 4pr.　乌尔比安：《告示评注》第 27 卷

因为：若在以佛所提起请求，只能请求该数额本身，而不能多于它，除非要式口约承诺了【其他】东西，或随着时间的流逝产生了新的利益。

D. 13. 4. 4. 1

Interdum iudex, qui ex hac actione cognoscit, cum sit arbitraria, absolvere reum debet cautione ab eo exacta de pecunia ibi solvenda ubi promissa est. quid enim si ibi vel oblata pecunia actori dicatur
vel deposita vel ex facili solvenda? nonne debebit interdum absolvere?
in summa aequitatem quoque ante oculos habere debet iudex, qui
huic actioni addictus est.

D. 13. 4. 5   *PAULUS libro vicensimo octavo ad edictum*

Si heres a testatore iussus sit certo loco quid dare, arbitraria
actio competit:

D. 13. 4. 6   *POMPONIUS libro vicensimo secundo ad Sabinum*

aut mutua pecunia sic data fuerit, ut certo loco reddatur.

D. 13. 4. 7pr.   *PAULUS libro vicensimo octavo ad edictum*

In bonae fidei iudiciis, etiamsi in contrahendo convenit, ut certo
loco quid praestetur, ex empto vel vendito vel depositi actio competit,
non arbitraria actio.

D. 13. 4. 7. 1

Si tamen certo loco traditurum se quis stipulatus sit, hac actione
utendum erit.

D. 13. 4. 4. 1

有时，据该诉审理【事实】的承审员——由于该诉为仲裁诉讼——在被告完成保证于承诺地支付金钱的要式口约后，须开释被告。实际上，如果在该地，金钱已支付给该原告或已提存或正在被有效支付，该如何办？难道不应开释吗？总之，该诉的承审员也须把公正摆在眼前。

D. 13. 4. 5　保罗：《告示评注》第 28 卷

若继承人被遗嘱人要求在某一特定地方给付，赋予仲裁诉讼。

D. 13. 4. 6　彭波尼：《萨宾评注》第 22 卷

或者：金钱因借贷而给付，规定须在特定地点归还。

D. 13. 4. 7pr.　保罗：《告示评注》第 28 卷

就诚信诉讼而言，即使缔约时达成一致，须在特定地点给付，仍赋予【相应】的诉——或出卖人之诉，或买受人之诉或寄托之诉，而不是仲裁诉讼。

D. 13. 4. 7. 1

但是，若某人根据要式口约须在特定地方给付，则可以使用该诉。

D. 13. 4. 8   *AFRICANUS libro tertio quaestionum*

Centum Capuae dari stipulatus fideiussorem accepisti: ea pecunia ab eo similiter ut ab ipso promissore peti debebit, id est ut, si alibi quam Capuae petantur, arbitraria agi debeat lisque tanti aestimetur, quanti eius vel actoris interfuerit eam summam Capuae potius quam alibi solvi. nec oportebit, quod forte per reum steterit, quo minus tota centum Capuae solverentur, obligationem fideiussoris augeri: neque enim haec causa recte comparabitur obligationi usurarum: ibi enim duae stipulationes sunt, hic autem una pecuniae creditae est, circa cuius exsecutionem aestimationis ratio arbitrio iudicis committitur. eiusque differentiae manifestissimum argumentum esse puto, quod, si post moram factam pars pecuniae soluta sit et reliquum petatur, officium iudicis tale esse debeat, ut aestimet, quanti actoris intersit eam dumtaxat summam quae petetur Capuae solutam esse.

D. 13. 4. 9   *ULPIANUS libro quadragensimo septimo ad Sabinum*

Is qui certo loco dare promittit nullo alio loco, quam in quo promisit, solvere invito stipulatore potest.

D. 13. 4. 8　阿富里坎:《争议集》第 3 卷

在要式口约中,你被承诺:在卡普阿被给付 100【币】,你接受了保证人。该笔金钱,与向承诺人请求相似,也可向保证人请求,即若该金钱在卡普阿以外的地方请求,需提起仲裁之诉。在估价程序中,需估价在卡普阿以外地方给付所产生的对被告或原告的差额。但是,若 100【币】的金钱不能全部在卡普阿清偿的事实取决于债务人,则【承审员】不应增加保证人之债务。实际上,没有正确的理由,把【保证人之债】与利息之债类比。实际上,后者有两个要式口约,而前者【保证人之债】只有一个给付债权人金钱的【要式口约】,在该要式口约中,【根据裁量条款】,由承审员判断估价之标准。就此种差异,我以为,如下事实是非常明显的理由:某人在履行迟延后支付了部分金钱,他被请求支付剩余的【金钱】时,承审员的职权是须对【如下事实】进行估价:在卡普阿支付部分金钱所引起的差额。

D. 13. 4. 9　乌尔比安:《萨宾评注》第 47 卷

某人承诺在特定地方给付,不能违背被承诺人之意志,而在承诺给付地以外其他任何地方清偿。

D. 13. 4. 10   *PAULUS libro quarto quaestionum*

Si post moram factam, quo minus Capuae solveretur, cum arbitraria vellet agere, fideiussor acceptus sit eius actionis nomine, videamus, ne ea pecunia, quae ex sententia iudicis accedere potest, non debeatur nec sit in obligatione, adeo ut nunc quoque sorte soluta vel si Capuae petatur, arbitrium iudicis cesset: nisi si quis dicat, si iudex centum et viginti condemnare debuerit, centum solutis ex universitate, tam ex sorte quam ex poena solutum videri, ut supersit petitio eius quod excedit sortem, et accedat poena pro eadem quantitate. quod non puto admittendum, tanto magis, quod creditor accipiendo pecuniam etiam remisisse poenam videtur.

D. 13. 4. 10　保罗：《争议集》第 4 卷

若未在卡普阿支付而陷入履行迟延，【债权人】意图提起仲裁诉讼。他【在罗马】对保证人提起了仲裁诉讼。我们考察：根据【对主债务人】之判决可以增加的那笔金钱，是否可由【保证人】承担，是否可包含于【保证人】之债中？同样，现在我被【主债务人】支付主债金钱，或我在卡普拉请求该笔金钱，则承审员【在罗马，对增加于判决的部分】之裁量终止，除非某人【指债权人】说：如果承审员【根据裁量条款】应判决 120【币】，而该笔金钱中的 100【币】于【卡普拉】清偿完毕。而该笔清偿被认为，一部分是主债金钱之清偿，一部分是违约金之清偿。如此可以【在罗马】起诉，请求清偿超出主债金钱之部分，以及相应的违约金。【但是】我以为，这绝不应被接受，【因为】债权人接受该笔金钱，表明免除了违约金。

V
DE PECUNIA CONSTITUTA

D. 13. 5. 1pr.   *ULPIANUS libro vicensimo septimo ad edictum*

Hoc edicto praetor favet naturali aequitati: qui constituta ex consensu facta custodit, quoniam grave est fidem fallere.

D. 13. 5. 1. 1

Ait praetor: "Qui pecuniam debitam constituit." "qui" sic accipiendum est "quaeve", nam et mulieres de constituta tenentur, si non intercesserint.

D. 13. 5. 1. 2

De pupillo etsi nihil sit expressum edicto, attamen sine tutoris auctoritate constituendo non obligatur.

D. 13. 5. 1. 3

Sed si filius familias constituerit, an teneatur, quaeritur: sed puto verum et ipsum constituentem teneri et patrem de peculio.

第五章
关于在确定期限清偿的钱款债务

D. 13. 5. 1pr. 乌尔比安:《告示评注》第 27 卷

根据该告示,裁判官促进自然之公平,他保护以合意为基础的在确定期限偿付的协议,因为违反【他人】之信义,是非常严重之事。

D. 13. 5. 1. 1

裁判官写道:"他(*qui*)承诺【在确定期限】清偿钱款债务。""他(*qui*)"一词也应当理解为"她(*quae*)",因为妇女亦可受钱款债务协议之束缚,除非她们【作为担保人】参与。

D. 13. 5. 1. 2

虽然在告示里并未提到受监护人,但是如果没有监护人之授权,承诺在确定期限清偿的,则【受监护人】不受束缚。

D. 13. 5. 1. 3

若家子承诺在确定期限清偿,则产生如下疑问:是否受束缚?但是,我认为【这是】正确的,即应束缚承诺【在确定期限清偿】之人【即家子】,并在特有产范围内束缚家父。

D. 13. 5. 1. 4

Eum, qui inutiliter stipulatus est, cum stipulari voluerit, non constitui sibi, dicendum est de constituta experiri non posse, quoniam non animo constituentis, sed promittentis factum sit.

D. 13. 5. 1. 5

An potest aliud constitui quam quod debetur, quaesitum est. sed cum iam placet rem pro re solvi posse, nihil prohibet et aliud pro debito constitui: denique si quis centum debens frumentum eiusdem pretii constituat, puto valere constitutum.

D. 13. 5. 1. 6

Debitum autem ex quacumque causa potest constitui, id est ex quocumque contractu sive certi sive incerti, et si ex causa emptionis quis pretium debeat vel ex causa dotis vel ex causa tutelae vel ex quocumque alio contractu.

D. 13. 5. 1. 7

Debitum autem vel natura sufficit.

D. 13. 5. 1. 8

Sed et is, qui honoraria actione, non iure civili obligatus est, constituendo tenetur: videtur enim debitum et quod iure honorario debetur. et ideo et pater et dominus de peculio obstricti si constituerint, tenebuntur usque ad eam quantitatem, quae tunc fuit in peculio, cum constituebatur: ceterum si plus suo nomine constituit, non tenebitur in id quod plus est.

D. 13. 5. 1. 4

某人意图通过要式口约，而非钱款债务协议【达到在确定日得到支付的目的】，【但】要式口约无效。则必须指出：他不能提起钱款债务协议之诉，因为【该行为中，相对人】是以要式口约要约人而非钱款债务协议承诺人【之身份】表示真意的。

D. 13. 5. 1. 5

有人提出如下问题：可否达成钱款债务协议，以给付不同于原债务标的的东西？我们完全可以用一物去履行另一物【为标的】的债，故此没有理由禁止：为代替原债务之标的，达成钱款债务协议给付其他物。因此，若负有支付100【币】的债务人承诺在确定期限给付相同价值的小麦的，我认为该钱款债务协议有效。

D. 13. 5. 1. 6

另外，对任何原因之债务，都可达成钱款债务协议，即无论【该】缔结【的债】是特定的或不特定的，甚至某人因买、嫁资、监护及其他任何缔结之债而负有支付价金的债务。

D. 13. 5. 1. 7

另外，即使是自然债，亦足以。

D. 13. 5. 1. 8

某人即使因荣誉法之诉而非市民法之诉而负债，也受钱款债务协议的束缚。实际上，荣誉法上的负债也被认为是债，因此在特有产范围内受束缚的家父、奴隶主，若达成钱款债务协议，则受束缚之范围限于该协议缔结之时特有产价值之内。另外，【其中】一人以自己名义缔结钱款债务协议，超过该价值的，则不受超出部分之束缚。

D. 13. 5. 2   *IULIANUS libro undecimo digestorum*

Quod si filii nomine constituerit se decem soluturum, quamvis in peculio quinque fuerint, de constituta in decem tenebitur.

D. 13. 5. 3pr.   *ULPIANUS libro vicensimo septimo ad edictum*

Quod si maritus plus constituit ex dote quam facere poterat, quia debitum constituerit, in solidum quidem tenetur, sed mulieri in quantum facere potest condemnatur.

D. 13. 5. 3. 1

Si quis autem constituerit quod iure civili debebat, iure praetorio non debebat, id est per exceptionem, an constituendo teneatur, quaeritur: et est verum, ut et Pomponius scribit, eum non teneri, quia debita iuribus non est pecunia quae constituta est.

D. 13. 5. 3. 2

Si is, qui et iure civili et praetorio debebat, in diem sit obligatus, an constituendo teneatur? et Labeo ait teneri constitutum, quam sententiam et Pedius probat: et adicit Labeo vel propter has potissimum pecunias, quae nondum peti possunt, constituta inducta: quam sententiam non invitus probarem: habet enim utilitatem, ut ex die obligatus constituendo se eadem die soluturum teneatur.

D. 13. 5. 2　尤里安：《学说汇纂》第 11 卷

若家父以家子之名义缔结钱款债务协议，承诺支付 10
【币】，即使当时特有产只有 5【币】，家父，根据该协议仍须受
10【币】之束缚。

D. 13. 5. 3pr.　乌尔比安：《告示评注》第 27 卷

为【赎回】嫁资，丈夫缔结钱款债务协议，承诺偿付超越
其【经济】能力的债务，因为他承诺在确定期限内偿付债务，
他需对整个债务负责；但为妻子之利益应判决在【经济】能力
内【偿付债务】。

D. 13. 5. 3. 1

若某人缔结钱款债务协议，承诺在确定期限内履行——根
据市民法须负责而据裁判官法无须负责的——债务，即【该债
务】存在抗辩，【对此，】发生疑问：该协议完成后，是否负责？
彭波尼写道：他无须负责。因为根据【统一的】法（iuris），承
诺在确定期限履行的该金钱，并非债务；这是正确的。

D. 13. 5. 3. 2

若某人根据市民法和裁判官法都须负债，他须在特定日
【履行】，那么他通过缔结钱款债务协议承诺在确定期限内履行
债务的，他【受此】束缚吗？拉贝奥认为，受该协议束缚。该
观点为佩丢斯所赞同。拉贝奥补充道，正是为【担保支付】此
等现在尚不能请求的金钱，才产生钱款债务协议，我完全接受
该观点。实际上，须在特定日履行债务的债务人承诺在债务届
至日履行，是有利的。

D. 13. 5. 4   *PAULUS libro vicensimo nono ad edictum*

Sed et si citeriore die constituat se soluturum, similiter tenetur.

D. 13. 5. 5pr.   *ULPIANUS libro vicensimo septimo ad edictum*

Eum, qui Ephesi promisit se soluturum, si constituat alio loco se soluturum, teneri constat.

D. 13. 5. 5. 1

Iulianus legatum Romae constituentem, quod in provincia acceperat, putat conveniri debere, quod et verum est. sed et si non cum Romae esset, sed in provincia adhuc, constituit se Romae soluturum, denegatur in eum actio de constituta.

D. 13. 5. 5. 2

Quod exigimus, ut sit debitum quod constituitur, in rem exactum est, non utique ut is cui constituitur creditor sit: nam et quod ego debeo tu constituendo teneberis, et quod tibi debetur si mihi constituatur, debetur.

D. 13. 5. 5. 3

Iulianus quoque libro undecimo scribit: Titius epistulam ad me talem emisit: 'Scripsi me secundum mandatum Seii, si quid tibi debitum adprobatum erit me tibi cauturum et soluturum sine controversia.' tenetur Titius de constituta pecunia.

D. 13. 5. 4 保罗:《告示评注》第9卷

即使某人承诺的支付日【相比原债务的履行期日】更近, 同样受束缚。

D. 13. 5. 5pr. 乌尔比安:《告示评注》第27卷

某人曾通过要式口约承诺在以佛所履行,【而后】若缔结钱款债务协议,承诺在确定期限履行债务,该人当然受束缚。

D. 13. 5. 5. 1

驻外使节缔结钱款债务协议,承诺在确定期限于罗马给付在行省已接受的东西,【对此,】尤里安认为,他须于【罗马】被传唤。这是正确的。但是,如果他不在罗马而是在行省承诺在确定期限于罗马给付,则否认针对他的钱款债务协议之诉。

D. 13. 5. 5. 2

我们请求的内容,即我们通过钱款债务协议承诺在确定期限履行的内容,原本应是债务。这是与客体相关的一项要件,但无需如下要件:在确定期限履行承诺之相对人必须是【原债务】的债权人。实际上,即使你缔结钱款债务协议,承诺在确定期限履行我的负债,你仍受此束缚。第三人对你负债的,他通过钱款债务协议向我承诺履行,则他【对此】负债。

D. 13. 5. 5. 3

尤里安也在【《学说汇纂》】第11卷里写道:提兹寄给我书信,内容如下:"我写道:据赛伊奥的委托,如果能证实你有债权,则我向你提供要式口约担保,并无异议地履行之。"【据此,】提兹根据钱款债务协议而受束缚。

D. 13. 5. 5. 4

Sed si quis constituerit alium soluturum, non se pro alio, non tenetur: et ita Pomponius libro octavo scribit.

D. 13. 5. 5. 5

Item si mihi constituas te soluturum, teneberis: quod si mihi
constitueris Sempronio te soluturum, non teneberis.

D. 13. 5. 5. 6

Iulianus libro undecimo digestorum scribit procuratori constitui
posse: quod Pomponius ita interpretatur, ut ipsi procuratori constituas
te soluturum, non domino.

D. 13. 5. 5. 7

Item tutori pupilli constitui potest et actori municipum et curatori
furiosi.

D. 13. 5. 5. 8

sed et ipsi constituentes tenebuntur.

D. 13. 5. 5. 9

Si actori municipum vel tutori pupilli vel curatori furiosi vel adulescentis ita constituatur municipibus solvi vel pupillo vel furioso vel
adulescenti, utilitatis gratia puto dandam municipibus vel pupillo vel
furioso vel adulescenti utilem actionem.

D. 13. 5. 5. 4

但是若某人通过钱款债务协议承诺：他人须在确定期限履行债务，而不是自己替他人【履行债务】，则该人不受束缚——彭波尼在第 8 卷如此写道。

D. 13. 5. 5. 5

同样，若你通过钱款债务协议承诺向我履行债务，你【受此】束缚。若你与我缔结钱款债务协议并承诺在确定期限向塞姆普罗尼奥履行【债务】，则你不受此束缚。

D. 13. 5. 5. 6

尤里安在《学说汇纂》第 11 卷写道：可以通过钱款债务协议承诺在确定期限向代理人履行债务。彭波尼如此解释之：你承诺在确定期限向代理人而非本人履行债务。

D. 13. 5. 5. 7

同样，你可通过钱款债务协议承诺向监护人、自治市市民委任人、精神病人保佐人履行【债务】。

D. 13. 5. 5. 8

即使是此等人，只要他们通过钱款债务协议承诺在确定期限履行债务，就【受此】束缚。

D. 13. 5. 5. 9

若与自治市市民委任人、监护人、未成年人和精神病人保佐人缔结钱款债务协议，承诺向自治市市民、受监护人、精神病人和未成年人在确定期限履行债务，根据有利【原则】，我认为，应给予【相应的】自治市市民委任人、受监护人、精神病人和未成年人以扩用之诉。

D. 13. 5. 5. 10

Servo quoque constitui posse constat et, si servo constituatur domino solvi vel ipsi servo, qualemqualem servum domino adquirere obligationem.

D. 13. 5. 6   *PAULUS libro secundo sententiarum*

Idem est et si ei qui bona fide mihi servit constitutum fuerit.

D. 13. 5. 7pr.   *ULPIANUS libro vicensimo septimo ad edictum*

Sed et si filio familias constituatur, valet constitutum.

D. 13. 5. 7. 1

Si mihi aut Titio stipuler, Titio constitui suo nomine non posse Iulianus ait, quia non habet petitionem, tametsi solvi ei possit.

D. 13. 5. 8   *PAULUS libro vicensimo nono ad edictum*

Si vero mihi aut Titio constitueris te soluturum, mihi competit actio: quod si, posteaquam soli mihi te soluturum constituisti, solveris Titio, nihilo minus mihi teneberis.

D. 13. 5. 9   *PAPINIANUS libro octavo quaestionum*

Titius tamen indebiti condictione tenebitur, ut quod ei perperam solutum est ei qui solvit reddatur.

D. 13. 5. 5. 10

当然，也可以通过钱款债务协议承诺向奴隶履行债务；一旦同奴隶缔结钱款债务协议，并承诺在确定期限向该奴隶或其主人履行【债务】，无论该奴隶【法律情势】如何，他都【指奴隶】替主人获得了债【权】。

D. 13. 5. 6　保罗：《论点集》第 2 卷

同样规则也适用于【如下情形】：某【自由】人善意地以奴隶身份为我劳作，【而】他人承诺在确定期限向其履行债务。

D. 13. 5. 7pr.　乌尔比安：《告示评注》第 27 卷

但是，若通过钱款债务协议承诺在确定期限向家子履行债务，则该协议有效。

D. 13. 5. 7. 1

若某人通过要式口约向我承诺向我或提兹【给付的】，尤里安认为，不能通过缔结钱款债务协议承诺在确定期限向提兹履行债务，因为他不能在法律上请求【给付】，即使他能被给付。

D. 13. 5. 8　保罗：《告示评注》第 29 卷

事实上，若你通过钱款债务协议承诺在确定期限向我或提兹履行债务，则赋予我诉权；相反，若你承诺在确定期限仅向我履行债务，但后来你向提兹清偿，【此时】你还须向我负债。

D. 13. 5. 9　帕比尼安：《争议集》第 8 卷

但是，据错债索回之诉，提兹将受此束缚：他须向清偿人归还后者错误清偿的【东西】。

D. 13. 5. 10   *PAULUS libro vicensimo nono ad edictum*

Idem est et si ex duobus reis stipulandi post alteri constitutum, alteri postea solutum est, quia loco eius, cui iam solutum est haberi debet is cui constituitur.

D. 13. 5. 11pr.   *ULPIANUS libro vicensimo septimo ad edictum*

Hactenus igitur constitutum valebit, si quod constituitur debitum sit, etiamsi nullus apparet, qui interim debeat: ut puta si ante aditam hereditatem debitoris vel capto eo ab hostibus constituat quis se soluturum: nam et Pomponius scribit valere constitutum, quoniam debita pecunia constituta est.

D. 13. 5. 11. 1

Si quis centum aureos debens ducentos constituat, in centum tantummodo tenetur, quia ea pecunia debita est: ergo et is, qui sortem et usuras quae non debebantur constituit, tenebitur in sortem dumtaxat.

D. 13. 5. 12   *PAULUS libro tertio decimo ad edictum*

Sed et si decem debeantur et decem et Stichum constituat, potest dici decem tantummodo nomine teneri.

D. 13. 5. 13   *IDEM libro vicensimo nono ad edictum*

Sed si quis viginti debens decem constituit se soluturum, tenebitur.

D. 13. 5. 10 保罗:《告示评注》第 29 卷

即使【如下情况】也同样如此:通过钱款债务协议承诺在确定期限向要式口约的两个【连带】债权人之一履行债务,之后向另一个债权人清偿。理由:应该认为,该承诺的相对人由实际被给付的债权人所取代。

D. 13. 5. 11pr. 乌尔比安:《告示评注》第 27 卷

因此,只要承诺履行的【内容】是债务,钱款债务协议就是有效的,——即使当时【该债务的】债务人不在场。比如,在接受债务人遗产之前,或债务人被敌人俘虏之前,某人承诺履行。实际上,彭波尼写道:钱款债务协议有效,因为它承诺履行的是一笔确实存在的金钱债务。

D. 13. 5. 11. 1

负担 100 金币债务的某人,若通过钱款债务协议承诺在确定期限给付 200,则他只负担 100 的【债务】,因为该笔金钱是他的负债。某人承诺【在确定期限】履行主债务和利息,而【实际上】无需对利息负债,则他仅负担主债务。

D. 13. 5. 12 保罗:《告示评注》第 13 卷

某人负担 10【币】之债务,而通过钱款债务协议承诺在确定期限给付 10【币】以及斯提克,人们可以说:该他人只对 10【币】负债。

D. 13. 5. 13 保罗:《告示评注》第 29 卷

但是若某人负债 20【币】,而他通过钱款债务协议承诺给付 10【币】,他仅对【10 币】负债。

D. 13. 5. 14pr.   *ULPIANUS libro vicensimo septimo ad edictum*

Qui autem constituit se soluturum, tenetur, sive adiecit certam quantitatem sive non.

D. 13. 5. 14. 1

Si quis constituerit se pignus daturum: cum utilitas pignorum inrepserit, debet etiam hoc constitutum admitti.

D. 13. 5. 14. 2

Sed et si quis certam personam fideiussuram pro se constituerit, nihilo minus tenetur, ut Pomponius scribit. quid tamen si ea persona nolit fideiubere? puto teneri eum qui constituit, nisi aliud actum est. quid si ante decessit? si mora interveniente, aequum est teneri eum qui constituit vel in id quod interest vel ut aliam personam non minus idoneam fideiubentem praestet: si nulla mora interveniente, magis puto non teneri.

D. 13. 5. 14. 3

Constituere autem et praesentes et absentes possumus, sicut pacisci, et per nuntium et per nosmet ipsos, et quibuscumque verbis.

D. 13. 5. 15   *PAULUS libro vicensimo nono ad edictum*

Et licet libera persona sit, per quam tibi constitui, non erit impedimentum, quod per liberam personam adquirimus. quia ministerium tantummodo hoc casu praestare videtur.

D. 13. 5. 14pr.　　乌尔比安:《告示评注》第27 卷

另外,通过钱款债务协议承诺在确定期限履行债务的人,受约束,无论【该协议】是否附加了【债务的】具体数额。

D. 13. 5. 14. 1

若某人通过钱款债务协议承诺在确定期限提供质押,因为质押的有利性已被确认,故得同样承认该协议【之效力】。

D. 13. 5. 14. 2

但是,某人通过钱款债务协议承诺在确定期限提供某一具体保证人,为自己担保【债务的履行】,他同样受约束,这是彭波尼写的。但是,如果该人不愿保证,应如何处理? 我认为,上述承诺人应承担责任,除非其他相应行为已被作出。如果该人过早死亡,如何处理? 假设导致【主债务】迟延履行的,则如此是公正的:上述承诺人在差额范围内承担责任,或者提供另一【保证能力】不低于原先保证人的保证人。假设未导致迟延履行的,我以为更好的答案是:上述承诺人不承担责任。

D. 13. 5. 14. 3

无论在场或缺席,我们都可以缔结钱款债务协议,正如我们既可以通过信使,也可亲自通过我们想要的言辞,达成协议。

D. 13. 5. 15　保罗:《告示评注》第29 卷

我通过某人与你缔结钱款债务协议,承诺在确定期限向你履行【债务】,即使该某人是自由人,也不妨碍【该协议的效力】,因为我们【也】可以通过自由人获得【东西】,原因是:在该情形,人们认为,【自由人】只是提供了辅助。

D. 13. 5. 16pr. ULPIANUS *libro vicensimo septimo ad edictum*

Si duo quasi duo rei constituerimus, vel cum altero agi poterit in solidum.

D. 13. 5. 16. 1

Sed et certo loco et tempore constituere quis potest, nec solum eo loci posse eum petere, ubi ei constitutum est, sed exemplo arbitrariae actionis ubique potest.

D. 13. 5. 16. 2

Ait praetor: ' si appareat eum qui constituit neque solvisse [1] neque fecisse neque per actorem stetisse [2], quo minus fieret quod constitutum est.

D. 13. 5. 16. 3

Ergo si non stetit per actorem, tenet actio, etiamsi per rerum naturam stetit: sed magis dicendum est subveniri reo debere.

D. 13. 5. 16. 4

Haec autem verba praetoris ' neque fecisse reum quod constituit' utrum ad tempus constituti pertinent an vero usque ad litis contestationem trahimus, dubitari potest: et puto ad tempus constituti.

---

[1] £ solvere ¤ , vd. Mo. – Kr. , nt. 14.
[2] £ stetit ¤ , vd. Mo. – Kr. , nt. 15.

D. 13. 5. 16pr.　　乌尔比安:《告示评注》第 27 卷

若我们两人通过钱款债务协议承诺在确定期限履行债务,则如同两个连带债务人一般,【债权人】可对其中【任何】一人提起诉讼,要求承担全部债务。

D. 13. 5. 16. 1

但是,某人可以在某一特定地点和时间缔结钱款债务协议,但【债权人】并非只能在上述缔结地对其提起诉讼,而是如同仲裁诉讼,可以在任何地方提起。

D. 13. 5. 16. 2

裁判官写道:"如果表明钱款债务协议承诺人并未给付,也并未实施行为,且未履行承诺之事不能归因于原告。"

D. 13. 5. 16. 3

因此,若【承诺之事未履行】不能归因于原告,即使【承诺之事之未履行】取决于该事务本身之性质,该诉仍发生。但是,必须指出,【此时】更为妥善的做法是:应给予被告救济。

D. 13. 5. 16. 4

这是裁判官的言辞:"被告未履行承诺之事。"【对此,】人们可以争论:是指在所承诺之日前还是直至争讼程序之时【未履行承诺之事】。我认为是前者。

D. 13. 5. 17 *PAULUS libro vicensimo nono ad edictum*

Sed et si alia die offerat nec actor accipere voluit nec ulla causa iusta fuit non accipiendi, aequum est succurri reo aut exceptione aut iusta interpretatione, ut factum actoris usque ad tempus iudicii ipsi noceat: ut illa verba 'neque fecisse'[1] hoc significent, ut neque in diem in quem constituit fecerit neque postea.

D. 13. 5. 18pr. *ULPIANUS libro vicensimo septimo ad edictum*

Item illa verba praetoris 'neque per actorem stetisse' eandem recipiunt dubitationem. et Pomponius dubitat, si forte ad diem constituti per actorem non steterit, ante stetit vel postea. et puto[2] haec ad diem constituti referenda. proinde si valetudine impeditus aut vi aut tempestate petitor non venit, ipsi nocere Pomponius scribit.

D. 13. 5. 18. 1

Quod adicitur: 'eamque pecuniam cum constituebatur debitam fuisse', interpretationem pleniorem exigit. nam primum illud efficit, ut, si quid tunc debitum fuit cum constitueretur, nunc non sit, nihilo minus teneat constitutum, quia retrorsum se actio refert. proinde temporali actione obligatum constituendo Celsus et Iulianus scribunt teneri debere, licet post constitutum dies temporalis actionis exierit. quare et si post tempus obligationis se soluturum constituerit, adhuc idem Iulianus putat, quoniam eo tempore constituit, quo erat obligatio, licet in id tempus quo non tenebatur.

---

[1] £ fecisset ¤ , vd. Mo. – Kr. , nt. 16.
[2] [et], vd. Mo. – Kr. , nt. 17.

D. 13. 5. 17　保罗：《告示评注》第 29 卷

但是，若【债务人】在他日【即不是所承诺之日】提供给付，而原告不愿意接受，而又无不接受给付之正当理由，为使原告的该行为在诉讼中对其造成不利，须通过抗辩或【对裁判官言辞】正确之解释，给予被告救济，这是公平的。这样，"未履行【承诺之事】"之言辞的含义是：既未在所承诺之日也未在该日之后履行承诺之事。

D. 13. 5. 18pr.　乌尔比安：《告示评注》第 27 卷

裁判官"不能归因于原告"的言辞存在同样的疑问。彭波尼亦疑问道："不能归因于原告"，在具体案件中，【涉及】所承诺之日、该日之前还是之后？我以为：应为所承诺之日。若原告因健康、不可抗力或恶劣天气不能前来，此等原因损害原告。彭波尼如此写道。

D. 13. 5. 18. 1

其后的言辞为："钱款债务协议所承诺给付的金钱，须是债务。"对此，需要进行更丰富的解释。实际上，第一种解释效果是：在承诺之时是债务，而现在不再是，但是该协议同样有约束力，因为该诉指向的是过去。在此种意义上，杰尔苏和尤里安写道：某诉存续日将届满，某人通过钱款债务协议承诺在确定期限履行以该诉为基础的债，则该人须受此束缚，即使承诺后该诉存续日届至。因此，所承诺履行之日晚于债之存续届至日的，尤里安认为结果仍旧一样，因为在债存续期间，某人承诺在确定期限履行【该债】——即使在那时【即该确定期限】【主债务】不再有束缚力。

D. 13. 5. 18. 2

E re autem est hic subiungere, utrum poenam contineat haec actio an rei persecutionem: et magis est, ut etiam Marcellus putat, ut rei sit persecutio.

D. 13. 5. 18. 3

Vetus fuit dubitatio, an qui hac actione egit sortis obligationem consumat. et tutius est dicere solutione potius ex hac actione facta liberationem contingere, non litis contestatione, quoniam solutio ad utramque obligationem proficit.

D. 13. 5. 19pr.   *PAULUS libro vicensimo nono ad edictum*

Id quod sub condicione debetur, sive pure sive certo die constituatur, eadem condicione suspenditur, ut existente condicione teneatur, deficiente utraque actio depereat.

D. 13. 5. 19. 1

Sed is qui pure debet si sub condicione constituat, inquit Pomponius in hunc utilem actionem esse.

D. 13. 5. 19. 2

Si pater vel dominus constituerit se soluturum quod fuit in peculio, non minueretur peculium eo, quod ex ea causa obstrictus esse coeperit: et licet interierit peculium, non tamen liberatur.

D. 13. 5. 20   *IDEM libro quarto ad Plautium*

Nec enim quod crescit peculium aut decrescit, pertinet ad constitutoriam actionem.

D. 13. 5. 18. 2

据此，需追问的是：该诉包含罚金，还是【仅为】损害赔偿之诉？更好的观点是，正如马尔切勒指出，该诉是损害赔偿之诉。

D. 13. 5. 18. 3

很久以前，就已争论：某人提起该诉是否消灭主债务呢？最妥当的说法是：【主债务】消灭源于根据该诉而发生的清偿，而非【根据该诉发生的】争讼程序，因为清偿是任何一债【主债和从债】的利益之所在。

D. 13. 5. 19pr.　　保罗：《告示评注》第 29 卷

若【主】债务附有条件，无论无附款地还是【有条件地】承诺在确定期限履行债务，则据【主债务的】条件，债务处于悬置状态，即如果条件成就，债务人承担债务；如果条件未成就，则两个诉都失效。

D. 13. 5. 19. 1

但是若某人缔结的钱款债务协议附有条件，【而实际上】不应附有条件，则如彭波尼指出，应对其提起扩用之诉。

D. 13. 5. 19. 2

若家父或奴隶主通过钱款债务协议承诺在确定期限给付特有产，则该特有产不得减少，因为它开始受到上述事实【即钱款债务协议】之约束。即使特有产消灭，家父或奴隶主也不得因此而摆脱束缚。

D. 13. 5. 20　　保罗：《普劳提评注》第 4 卷

实际上，无论特有产增加还是减少，都不影响钱款债务协议之诉。

D. 13. 5. 21 pr.   *IDEM libro vicensimo nono ad edictum*

Promissor Stichi post moram ab eo factam mortuo Sticho si constituerit se pretium eius soluturum, tenetur.

D. 13. 5. 21. 1

Si sine die constituas, potest quidem dici te non teneri, licet verba edicti late pateant: alioquin et confestim agi tecum poterit, si statim ut constituisti non solvas: sed modicum tempus statuendum est non minus decem dierum, ut exactio celebretur.

D. 13. 5. 21. 2

Constituto satis non facit, qui soluturum se constituit, si offerat satisfactionem. si quis autem constituat se satisdaturum, fideiussorem vel pignora det, non tenetur, quia nihil intersit, quemadmodum satisfaciat.

D. 13. 5. 22   *IDEM libro sexto brevium*

Si post constitutam tibi pecuniam hereditatem ex senatus consulto Trebelliano restitueris, quoniam sortis petitionem transtulisti ad alium, deneganda est tibi pecuniae constitutae actio. idem est in hereditatis possessore post evictam hereditatem. sed magis est, ut fideicommissario vel ei qui vicit decernenda esset actio.

D. 13. 5. 21pr.　保罗：《告示评注》

某人通过要式口约承诺【给付】斯提克。履行迟延【且】斯提克死亡后，该人通过钱款债务协议承诺在确定期限给付【相当于】斯提克的价格，则他受此约束。

D. 13. 5. 21. 1

若你通过钱款债务协议承诺履行债务，但未指明具体日期的，你确实可以说对此不负债，即使告示之言辞能有非常丰富之解释。相反，【在如下情形下】可以立即对你提起诉讼：你承诺马上履行债务，而你未履行之；但是，须确定一个不少于 10 日的合理期间用于履行债务。

D. 13. 5. 21. 2

某人通过钱款债务协议承诺在确定期限履行债务，【即使履行日届至时】他提供担保，【据此】他【仍】未履行【该协议】。但是，某人通过钱款债务协议承诺在确定期限提供担保，则无论【到时】其提供的是保证人还是质物，他都不再受该诉约束，因为担保之形式无关紧要。

D. 13. 5. 22　保罗：《短论》第 6 卷

若某人通过钱款债务协议承诺在确定期限向你给付金钱，其后你【因遗产信托】根据《特雷贝里安元老院决议》给付了遗产；由于你转移主债权与他人，故应该否认你享有履行钱款债务协议之诉。同样的情形适用于遗产追夺后之遗产占有人。但是，更为接受的观点是：【在此种情形下，】应赋予遗产信托受益人或【遗产请求】胜诉人以该诉。

D. 13. 5. 23   *IULIANUS libro undecimo digestorum*

Promissor hominis homine mortuo, cum per eum staret quo minus traderetur, etsi hominem daturum se constituerit, de constituta pecunia tenebitur, ut pretium eius solvat.

D. 13. 5. 24   *MARCELLUS libro singulari responsorum*

Titius Seio epistulam emisit in haec verba: ' Remanserunt apud me quinquaginta ex credito tuo ex contractu pupillorum meorum, quos tibi reddere debebo idibus Maiis probos: quod si ad diem supra scriptum non dedero, tunc dare debebo usuras tot. ' quaero, an Lucius Titius in locum pupillorum hac cautione reus successerit. Marcellus respondit si intercessisset stipulatio, successisse. item quaero, an, si non successisset, de constituta teneatur. Marcellus respondit in sortem teneri: est enim humanior et utilior ista interpretatio.

D. 13. 5. 25pr.   *PAPINIANUS libro octavo quaestionum*

Illud aut illud debuit et constituit alterum: an vel alterum quod non constituit solvere possit, quaesitum est. dixi non esse audiendum, si velit hodie fidem constitutae rei frangere.

D. 13. 5. 25. 1

Si iureiurando delato deberi tibi iuraveris, cum habeas eo nomine actionem, recte de constituta agis. sed et si non ultro detulero iusiurandum, sed referendi necessitate compulsus id fecero, quia nemo dubitat modestius facere qui referat, quam ut ipse iuret, nulla distinctio adhibetur, tametsi ob tuam facilitatem ac meam verecundiam subsecuta sit referendi necessitas.

D. 13. 5. 23　尤里安:《学说汇纂》第 11 卷

某人通过要式口约承诺交付奴隶,奴隶死亡,且未交付之事实归因于该人,则即使通过钱款债务协议承诺在确定期限交付奴隶,他也受履行钱款债务协议之诉之约束,须清偿奴隶之价格。

D. 13. 5. 24　马尔切勒:《解答集》单卷本

提兹给赛伊奥写信,言辞如下:"由于我的诸多受监护人缔结的债,在你的债权一览中,记载有我【负债】之 50【币】。此等金钱,我应于五月半以足额归还于你。若我到时未归还,则我需支付相应的利息。"我提出如下疑问:根据该保证,卢西奥·提兹是否代替受监护人成为债务人?马尔切勒曾回答道:如果存在要式口约,则代替之。同样,我提出如下疑问:如果代替不存在,是否受履行钱款债务协议之诉的束缚?马尔切勒曾回答道:对主债务负责。无疑,该解释是符合人性的,也是有利的。

D. 13. 5. 25pr.　帕比尼安:《争议集》第 8 卷

某人需给付甲物或乙物,他通过钱款债务协议给付甲物,争议便是:他是否可用乙物履行?我曾说过:如果他现在意图违背该协议之信义,则不应被接受。

D. 13. 5. 25. 1

在我的要求下,你宣誓:你应被给付。诚然,你有相应的诉,但你可以正当地提起钱款债务协议之诉。即使我要求你宣誓并非出于自主,而是由于我须如此做,【结果】也并无差别,因为无人会怀疑:要求宣誓之人,应比宣誓人更加克制合理,即使宣誓之必要是由于你的轻率或者我迫于体面。

D. 13. 5. 26 *SCAEVOLA libro primo responsorum*

Quidam ad creditorem litteras eiusmodi fecit: ' Decem, quae Lucius Titius ex arca tua mutua acceperat, salva ratione usurarum habes penes me, domine. ' respondit secundum ea quae proponerentur actione de constituta pecunia eum teneri.

D. 13. 5. 27 *ULPIANUS libro quarto decimo ad edictum*

Utrum praesente debitore an absente constituat quis, parvi refert. hoc amplius etiam invito constituere eum posse Pomponius libro trigensimo quarto scribit: unde falsam putat opinionem Labeonis existimantis, si, postquam quis constituit pro alio, dominus ei denuntiet ne solvat, in factum exceptionem dandam: nec immerito Pomponius: nam cum semel sit obligatus qui constituit, factum debitoris non debet cum excusare.

D. 13. 5. 28 *GAIUS libro quinto ad edictum provinciale*

Ubi quis pro alio constituit se soluturum, adhuc is, pro quo constituit, obligatus manet.

D. 13. 5. 29 *PAULUS libro vicensimo quarto ad edictum*

Qui iniuriarum vel furti vel vi bonorum raptorum tenetur actione, constituendo tenetur.

D. 13. 5. 30 *IDEM libro secundo sententiarum*

Si quis duobus pecuniam constituerit tibi aut Titio, etsi stricto iure propria actione pecuniae constitutae manet obligatus, etiamsi Titio solverit, tamen per exceptionem adiuvatur.

D. 13. 5. 26　谢沃拉：《解答集》第 1 卷

某人向债权人写信，言辞如下："先生，卢西奥·提兹从你账户处借贷的 10【币】，除利息外，你向我要。"【谢沃拉】回答道，根据此等言辞，该人受钱款债务协议之诉的束缚。

D. 13. 5. 27　乌尔比安：《告示评注》第 14 卷

某人通过钱款债务协议承诺在确定期限履行【他人之债务】，债务人是否在场，影响甚微。进一步地，彭波尼在【《告示评注》】第 34 卷写道，即使违背【债务人】之意愿，人们也可承诺在确定期限履行【他人之债务】。这里，他认为拉贝奥的观点是错误的。后者认为，某人通过钱款债务协议承诺在确定期限为他人履行债务，而后，【债务人】告知该人无须履行，则应赋予该人以事实抗辩。彭波尼并非错误，实际上，在某人作出承诺之时，他即负债，因此债务人的行为不应成为排除事由。

D. 13. 5. 28　盖尤斯：《行省告示》第 5 卷

一旦某人通过钱款债务协议承诺在确定期限履行他人之债务，该他人仍旧负债。

D. 13. 5. 29　保罗：《告示评注》第 24 卷

受侵辱之诉或盗窃之诉或抢劫之诉束缚之人，若通过钱款债务协议承诺在确定期限履行债务，受【该协议】束缚。

D. 13. 5. 30　保罗：《论点集》第 2 卷

若某人通过钱款债务协议承诺在确定期限向两人，如向你或提兹，给付金钱，虽然根据特别的严法之诉，他需对承诺之金钱数额负债，即使他已向提兹履行【也不例外】，受抗辩保护。

D. 13. 5. 31   *SCAEVOLA libro quinto digestorum*

Lucius Titius Seiorum debitor decessit: hi persuaserunt Publio Maevio, quod hereditas ad eum pertineret, et fecerunt, ut epistulam in eos exponat debitorem sese esse quasi heredem patrui sui confitentem, qui et addidit epistulae suae, quod in rationes suas eadem pecunia pervenit. quaesitum est, cum ad Publium Maevium ex hereditate Lucii Titii nihil pervenerit, an ex scriptura proposita de constituta pecunia conveniri possit et an doli exceptione uti possit. respondit nec civilem eo nomine actionem competere: sed nec de constituta secundum ea quae proponerentur. idem quaesiit, usurarum nomine quod ex causa supra scripta datum sit, an repeti possit. respondit secundum ea quae proponerentur posse.

D. 13. 5. 31　谢沃拉:《学说汇纂》第5卷

赛伊奥家族的债务人卢西奥·提兹去世了。该赛伊奥家族的人说服布博里奥·梅唯奥相信:【提兹】的遗产将归于他,并使他写下文书。他在文书中声称:作为其叔父【即提兹】的继承人,成为他们【即赛伊奥家族的人】的债务人;并且在该文书中继续写道,遗产已归入其财产之中。因为没有任何卢西奥·提兹的遗产归于布博里奥·梅唯奥,问题便产生了:他可否因上述言辞,根据钱款债务协议之诉而被提起诉讼,抑或他可使用欺诈抗辩呢?【谢沃拉】回答道:此等情形下,不能赋予任何市民法诉讼,然而,根据上述言辞,也不能赋予在特定的、不可延期之日给付金钱之诉。他【指谢沃拉】也提出了问题:根据上述原因已给付的利息,可否索回?【谢沃拉】回答道:根据上述言辞,可索回。

VI
COMMODATI VEL CONTRA

D. 13. 6. 1pr.   *ULPIANUS libro vicensimo octavo ad edictum*

Ait praetor: 'Quod quis commodasse dicetur, de eo iudicium dabo'.

D. 13. 6. 1. 1

Huius edicti interpretatio non est difficilis. unum solummodo notandum, quod qui edictum concepit commodati fecit mentionem, cum Paconius utendi fecit mentionem. inter commodatum autem et utendum datum Labeo quidem ait tantum interesse, quantum inter genus et speciem: commodari enim rem mobilem, non etiam soli, utendam dari etiam soli. sed ut apparet, proprie commodata res dicitur et quae soli est, idque et Cassius existimat. Vivianus amplius etiam habitationem commodari posse ait.

D. 13. 6. 1. 2

Impuberes commodati actione non tenentur, quoniam nec constitit commodatum in pupilli persona sine tutoris auctoritate, usque adeo ut, etiamsi pubes factus dolum aut culpam admiserit, hac actione non tenetur, quia ab initio non constitit.

第六章
出借人之诉和借用人之诉

D. 13. 6. 1pr.　　乌尔比安：《告示评注》第 28 卷

裁判官写道："某人基于使用借贷已交付，据此，我给予此诉。"

D. 13. 6. 1. 1

对该告示的解释并非难事。只需注意一事：制定该告示之人提及的【用词】是"借用"（*commodatum*），而帕克尼奥提及的【用词】是"使用"（*utendus*）。实际上，拉贝奥认为，"已借用"和"已使用"之间的差异，同"属（*genus*）"与"种（*species*）"之间的差异相同：事实上，可以借用动产，但不可【借用】不动产，却也可使用不动产。但是，对此，人们也认为，借用物可以是不动产；卡西也是如此认为。维维阿诺甚至认为可以借用住宅。

D. 13. 6. 1. 2

未适婚人不受使用借贷之诉的束缚，因为对于无监护人授权之被监护人，不能成立使用借贷。同样，即使达到适婚【年龄】后，从事了故意或过失的行为，仍旧不受该诉之束缚，因为从一开始，就未成立使用借贷。

D. 13. 6. 2   *PAULUS libro vicensimo nono ad edictum*

Nec in furiosum commodati actio danda est. sed ad exhibendum adversus eos dabitur, ut res exhibita vindicetur.

D. 13. 6. 3pr.   *ULPIANUS libro vicensimo octavo ad edictum*

Sed mihi videtur, si locupletior pupillus factus sit, dandam utilem commodati actionem secundum divi Pii rescriptum.

D. 13. 6. 3. 1

Si reddita quidem sit res commodata, sed deterior reddita, non videbitur reddita, quae deterior facta redditur, nisi quid interest praestetur: proprie enim dicitur res non reddita, quae deterior redditur.

D. 13. 6. 3. 2

In hac actione sicut in ceteris bonae fidei iudiciis similiter in litem iurabitur: et rei iudicandae tempus, quanti res sit, observatur, quamvis in stricti iuris[1] litis contestatae tempus spectetur.

D. 13. 6. 3. 3

Heres eius qui commodatum accepit pro ea parte qua heres est convenitur, nisi forte habeat facultatem totius rei restituendae nec faciat: tunc enim condemnatur in solidum, quasi hoc boni iudicis arbitrio conveniat.

---

[1]   < iuris > , vd. Mo. – Kr. , nt. 4.

D. 13. 6. 2　保罗:《告示评注》第 29 卷

对精神病人，不应提起使用借贷之诉。但是，对于他们，可提起出示之诉，以归还出示之物。

D. 13. 6. 3pr.　乌尔比安:《告示评注》第 28 卷

但是，我认为:若被监护人获利，根据神圣【安敦尼】比奥的敕答，应赋予扩用的使用借贷之诉。

D. 13. 6. 3. 1

若借用物被归还，但已贬损，贬损之物的归还不应认为是归还之完成，除非也给付【贬损之】差额。实际上，人们认为，"贬损之物的归还"并非"【原】物之归还"。

D. 13. 6. 3. 2

与其他诚信诉讼一样，在该诉中，也须对争议【的物之价格】宣誓:物之价格，以判决之时为准，而在严法诉讼中，却以争讼程序之时为准。

D. 13. 6. 3. 3

借用人的继承人，被起诉以继承遗产之比例按份负债，但【如下】情形除外:他本可归还整个原物却未归还。【该情形下，】实际上应判决他对所有债务负责，这正是公正承审员之裁判。

D. 13. 6. 3. 4

Si filio familias servove commodatum sit, dumtaxat de peculio a-gendum erit: cum filio autem familias ipso et directo quis poterit. sed et si ancillae vel filiae familias commodaverit, dumtaxat de peculio erit agendum.

D. 13. 6. 3. 5

Sed non tantum ex causa doli earum personarum pater vel domi-nus condemnetur, sed et ipsius quoque domini vel patris fraus dumtaxat venit, ut Iulianus libro undecimo circa pigneraticiam actio-nem distinguit.

D. 13. 6. 3. 6

Non potest commodari id quod usu consumitur, nisi forte ad pompam vel ostentationem quis accipiat.

D. 13. 6. 4 *GAIUS libro primo de verborum obligationibus*

Saepe etiam ad hoc commodantur pecuniae, ut dicis gratia nu-merationis loco intercedant.

D. 13. 6. 5pr. *ULPIANUS libro vicensimo octavo ad edictum*

Si ut certo loco vel tempore reddatur commodatum convenit, offi-cio iudicis inest, ut rationem loci vel temporis habeat.

D. 13. 6. 5. 1

Si quis hac actione egerit et oblatam litis aestimationem suscep-erit, rem offerentis facit.

D. 13. 6. 3. 4

若使用借贷给家子或奴隶，则应只在特有产范围内进行起诉。涉及家子情形时，也可以直接对其起诉。但是若使用借贷给奴隶或家女，则应只在特有产范围内进行起诉。

D. 13. 6. 3. 5

然而，家父或奴隶主被判决，不能仅仅因为此等人【即家子、奴隶等人】之故意，还需考虑家父或奴隶主本身的诈欺，甚至仅仅考虑后者。尤里安在《学说汇纂》第 11 卷关于质押之诉的【论述】中，作出了同样的区分。

D. 13. 6. 3. 6

在使用中能被消耗的物不能被使用借贷，除非涉及【如下】情形：某人接受它是出于炫耀或排场。

D. 13. 6. 4　　盖尤斯：《论言词之债》第 1 卷

出于此等目的，金钱也经常被使用借贷，只是在外观上似乎表现为现金支付。

D. 13. 6. 5pr　　乌尔比安：《告示评注》第 28 卷

若达成在特定地点或特定时间归还借用物之协议，则对于【双方确定的履行】地点或时间之考虑，属于承审员的职责。

D. 13. 6. 5. 1

若某人已经提起该诉，并受领了他人提供的估价程序【所确定的争议客体】之价金，则【该事实】物归属于价金提供人。

D. 13. 6. 5. 2

Nunc videndum est, quid veniat in commodati actione, utrum dolus an et culpa an vero et omne periculum. et quidem in contractibus interdum dolum solum, interdum et culpam praestamus: dolum in deposito: nam quia nulla utilitas eius versatur apud quem deponitur, merito dolus praestatur solus: nisi forte et merces accessit (tunc enim, ut est et constitutum, etiam culpa exhibetur) aut si hoc ab initio convenit, ut et culpam et periculum praestet is penes quem deponitur. sed ubi utriusque utilitas vertitur, ut in empto, ut in locato, ut in dote, ut in pignore, ut in societate, et dolus et culpa praestatur.

D. 13. 6. 5. 3

Commodatum autem plerumque solam utilitatem continet eius cui commodatur, et ideo verior est Quinti Mucii sententia existimantis et culpam praestandam et diligentiam et, si forte res aestimata data sit, omne periculum praestandum ab eo, qui aestimationem se praestaturum recepit.

D. 13. 6. 5. 4

Quod vero senectute contigit vel morbo, vel vi latronum ereptum est, aut si[1] quid simile accidit, dicendum est nihil eorum esse imputandum ei qui commodatum accepit, nisi aliqua culpa interveniat. proinde et si incendio vel ruina aliquid contigit vel aliud[2] damnum fatale, non tenebitur, nisi forte, cum possit res commodatas salvas facere, suas praetulit.

---

[1]   < si > , vd. Mo. – Kr. , nt. 7.
[2]   £ aliquid ¤ , vd. Mo. – Kr. , nt. 8.

D. 13. 6. 5. 2

现在，应考察：在使用借贷之诉中需考虑哪些因素？故意、过失甚或所有风险？事实上，于各种合同中，在某些情况下仅对故意负责；某些情况下还对过失负责。对于寄托，仅对故意负责。实际上，【寄托】对于受寄人无任何有利之处，因此，仅对故意负责，这非常正确，除非存在如下情形，即有对价（那么，事实上，正如谕令所规定的那样，过失也有重要意义）或者一开始就达成协议【约定】受寄人也对过失、风险负责。但是对双方都有利，如买卖、租赁、嫁资、质押、合伙，则须对故意和过失均负责。

D. 13. 6. 5. 3

而使用借贷，通常情况下，仅对借用人有利。据此，昆图斯·穆奇的观点更加正确，他认为：需对过失和缺乏谨慎负责。在此等情形下，即已估价之物已被给付的，则一切风险由须还该估价的受领方负责。

D. 13. 6. 5. 4

接着需要指出的是，【如下情形】之发生不应归责于债务人，除非他对此存在过失：老化或生病；强盗暴力掳走标的物以及类似情形。同样，对火灾、倒塌以及其他自然事实之后果，无需负责，除非在此等情形下：他本可以把标的物置于安全处，【但】他【却】选择将自己的物【置于安全之处】。

D. 13. 6. 5. 5

Custodiam plane commodatae rei etiam diligentem debet praestare.

D. 13. 6. 5. 6

Sed an etiam hominis commodati custodia praestetur, apud veteres dubitatum est. nam interdum et hominis custodia praestanda est,
si vinctus commodatus est, vel eius aetatis, ut custodia indigeret:
certe si hoc actum est, ut custodiam is qui rogavit praestet, dicendum
erit praestare.

D. 13. 6. 5. 7

Sed interdum et mortis damnum ad eum qui commodatum rogavit
pertinet: nam si tibi equum commodavero, ut ad villam adduceres, tu
ad bellum duxeris, commodati teneberis: idem erit et in homine.
plane si sic commodavi, ut ad bellum duceres, meum erit periculum.
nam et si servum tibi tectorem commodavero et de machina ceciderit,
periculum meum esse Namusa ait: sed ego ita hoc verum puto, si tibi
commodavi, ut et in machina operaretur: ceterum si ut de plano opus
faceret, tu eum imposuisti in machina, aut si machinae culpa factum
minus diligenter non ab ipso ligatae vel funium perticarumque vetus-
tate, dico periculum, quod culpa contigit rogantis commodatum, ipsum praestare debere: nam et Mela scripsit, si servus lapidario commodatus sub machina perierit, teneri fabrum commodati, qui ne-
glegentius machinam colligavit.

D. 13. 6. 5. 5

显然，应对标的谨慎保管。

D. 13. 6. 5. 6

但是古代【法学家】对是否需对借用之奴隶看管存在争议。实际上，有时候也应对奴隶看管，如奴隶被借用时是用链子束缚着，或奴隶处于需看管的年龄。当然，若请求借用之人需负责看管是缔结之内容，则必须说：需负责。

D. 13. 6. 5. 7

但是，某些情况甚至死亡之损害，也须请求借用之人负责。实际上，若我借马于你，以便你可以将其带至乡村别墅，然而你却将其带至战场，【这样】你受出借人之诉之束缚。同样规则也适用于奴隶。显然，我出借奴隶于你，以便你可将其带至战场，则风险是我的。实际上，我出借粉刷奴隶于你，而后该奴隶从脚手架上掉落，纳姆萨认为：风险是我的。但是我认为：【仅】在【如下情形下】，【该观点】是正确的：我出借于你，是用于在脚手架上劳作的；相反，【我出借奴隶于你】是用于在地面劳作，而你却使他在脚手架上劳作；或者由于脚手架之【缺陷】，【而该缺陷】归因于过失，缺乏谨慎，但它与奴隶无关，而与绳索和竿子的老化有关，则我说：风险由请求借用之人之过失引起，他应对之负责。实际上，梅拉曾写道：奴隶被出借给石匠，而后死于脚手架下，疏于装置脚手架的石匠需根据出借人之诉负责。

D. 13. 6. 5. 8

Quin immo et qui alias re commodata utitur, non solum commodati, verum furti quoque tenetur, ut Iulianus libro undecimo digestorum scripsit. denique ait, si tibi codicem commodavero et in eo chirographum debitorem tuum scribere [1] feceris egoque hoc interlevero, si quidem ad hoc tibi commodavero, ut caveretur tibi in eo, teneri me tibi contrario iudicio: si minus, neque me certiorasti ibi chirographum esse scriptum: etiam teneris mihi, inquit, commodati, immo, ait, etiam furti, quoniam aliter re commodata usus es, quemadmodum qui equo, inquit, vel vestimento aliter quam commodatum est utitur, furti tenetur.

D. 13. 6. 5. 9

Usque adeo autem diligentia in re commodata praestanda est, ut etiam in ea, quae sequitur rem commodatam, praestari debeat: ut puta equam tibi commodavi, quam pullus comitabatur: etiam pulli te custodiam praestare debere veteres responderunt.

D. 13. 6. 5. 10

Interdum plane dolum solum in re commodata qui rogavit praestabit, ut puta si quis ita convenit: vel si sua dumtaxat causa commodavit, sponsae forte suae vel uxori, quo honestius culta ad se deduceretur, vel si quis ludos edens praetor scaenicis commodavit, vel ipsi praetori quis ultro commodavit.

D. 13. 6. 5. 11

Nunc videndum, in quibus speciebus commodati actio locum habeat. et est apud veteres de huiusmodi speciebus dubitatum.

---

[1]   £ cavere ¤ , vd. Mo. – Kr. , nt. 13.

D. 13. 6. 5. 8

甚至，若以【与约定方式】不同之方式使用借用物的，则不仅受出借人之诉约束，还受盗窃之诉约束。正如尤里安在《学说汇纂》第 11 卷中写的那样。另外，他还认为：我出借现金账本与你，使得你的债务人在该现金账本上亲笔写上允诺，而后我删除了它；若我出借给你是以此为目的，即人们可在该现金账本向你允诺，根据借用人之诉，我向你负责。否则【若不是以此为目的】，如你未告知我，在现金账本载有亲笔写上【之允诺】，则你向我负责——他说——根据出借人之诉。甚至，他还认为，【你】还根据盗窃之诉【向我负责】，因为是以【与约定方式】不同之方式使用借用物的。同样，某人——他说——以不符借用之目的【之方式】，使用马或衣服，则受盗窃【之诉】的束缚。

D. 13. 6. 5. 9

对借用物需尽谨慎义务，这甚至也适用附属于借用物的物。如我出借马于你，该马由马驹相伴，则你还需对马驹尽看管义务。古代的【法学家】如此回答道。

D. 13. 6. 5. 10

显然，在某些情况下，要求借用之人仅在故意时对借用物负责，如某人因如下情形【与相对人】达成协议：出借人为自己的利益出借物于——比如——未婚妻或妻子，如此便体面地将她带回家；又如：裁判官，为了演戏，出借【某物】于演员；或者，某人自愿地出借【某物】与该裁判官。

D. 13. 6. 5. 11

现在需要考察的是：什么情形下拥有出借人之诉？对出借人之诉的情形，古代【法学家】进行了探讨。

D. 13. 6. 5. 12

Rem tibi dedi, ut creditori tuo pignori dares: dedisti: non repigneras, ut mihi reddas. Labeo ait commodati actionem locum habere, quod ego puto verum esse, nisi merces intervenit: tunc enim vel in factum vel ex locato conducto agendum erit. plane si ego pro te rem pignori dedero tua voluntate, mandati erit actio. idem Labeo recte dicit, si a me culpa absit repignerandi, creditor autem nolit reddere pignus, competere tibi ad hoc dumtaxat commodati, ut tibi actiones adversus eum praestem. abesse autem culpa a me videtur, sive iam solvi pecuniam sive solvere sum paratus. sumptum plane litis ceteraque aequum est eum adgnoscere, qui commodatum accepit.

D. 13. 6. 5. 13

Si me rogaveris, ut servum tibi cum lance commodarem et servus lancem perdiderit, Cartilius ait periculum ad te respicere, nam et lancem videri commodatam: quare culpam in eam quoque praestandam. plane si servus cum ea fugerit, eum qui commodatum accepit non teneri, nisi fugae praestitit culpam.

D. 13. 6. 5. 14

Si de me petisses, ut triclinium tibi sternerem et argentum ad ministerium praeberem, et fecero, deinde petisses, ut idem sequenti die facerem et cum commode argentum domi referre non possem, ibi hoc reliquero et perierit: qua actione agi possit et cuius esset periculum? Labeo de periculo scripsit multum interesse, custodem posui an non: si posui, ad me periculum spectare, si minus, ad eum penes quem relictum est. ego puto commodati quidem agendum, verum custodiam eum praestare debere, penes quem res relictae sunt, nisi aliud nominatim convenit.

D. 13. 6. 5. 12

我给物于你的目的在于：你将该物质押给你的债权人；你给付了该物后，却不赎回该物并归还我。拉贝奥认为：可赋予出借人之诉。我认为这是正确的，除非存在对价——那么，【此种情形下，】实际上，需提起事实之诉或租赁之诉。当然，我给你物用于质押，是为你的利益和基于你的意志，该诉则为委任之诉。拉贝奥正确地指出：对于不能赎回质物，我【借用人】没有过错，而是债权人不愿归还，则赋予你出借人之诉，仅仅使我向你让渡对债权人的诉权。实际上，人们认为我没有过错，若我已偿还金钱或已为偿还金钱做好准备。毫无疑问，由接受借用物之人负责诉讼费用和其他费用，这是公平的。

D. 13. 6. 5. 13

若你请求我出借一个携带盘子的奴隶与你，而后奴隶丢失了盘子，卡尔迪乌斯认为：风险归属于你，因为盘子也被认为已出借，对于该物，你须对过失负责。显然，若奴隶携盘子潜逃，借用人则无须负责，除非对潜逃具有过失。

D. 13. 6. 5. 14

若你请求我为你张罗餐厅，并将【我的】银杯供你使用，我照办了；你又请求我第二天做同样的事；因不方便将银杯拿回我家，故此，我便将之留在原地，而后它丢失了。【对此】人们可以提起什么诉？风险归谁？关于风险之归属，拉贝奥认为很大程度上取决于是否指定了看管人：若我指定了看管人，则风险归属于我；否则，银杯留置何人处，风险【便】归属何人。我认为，毫无疑问，应提起出借人之诉。实际上，银杯留置何人处，该人须负责看管，除非事先明确达成不同之协议。

D. 13. 6. 5. 15

Si duobus vehiculum commodatum sit vel locatum simul, Celsus filius scripsit libro sexto digestorum quaeri posse, utrum unusquisque eorum in solidum an pro parte teneatur. et ait duorum quidem in solidum dominium vel possessionem esse non posse: nec quemquam partis corporis dominum esse, sed totius corporis pro indiviso pro parte dominium habere. usum autem balinei quidem vel porticus vel campi uniuscuiusque in solidum esse (neque enim minus me uti, quod et alius uteretur): verum in vehiculo commodato vel locato pro parte quidem effectu me usum habere, quia non omnia loca vehiculi teneam. sed esse verius ait et dolum et culpam et diligentiam et custodiam in totum me praestare debere: quare duo quodammodo rei habebuntur et, si alter conventus praestiterit, libcrabit alterum et ambobus compctit furti actio.

D. 13. 6. 6   *POMPONIUS libro quinto ad Sabinum*

Ut alterutro agente alterius actio contra furem tollatur.

D. 13. 6. 7pr.   *ULPIANUS libro vicensimo octavo ad edictum*

Unde quaeritur, si alter furti egerit, an ipse solus debeat commodati conveniri. et ait Celsus, si alter conveniatur qui furti non egit, et paratus sit periculo suo conveniri alterum, qui furti agendo lucrum sensit ex re commodata, debere eum audiri et absolvi.

D. 13. 6. 5. 15

若车被不可分地出借或出租给两个【人】，杰尔苏（儿子）在《学说汇纂》第 6 卷中写道，可提出如下问题：他们对整体负债还是按份负债？他认为：不可能存在及于【物之】整体的属于两个人的所有权或占有；对于整体物之特定部分，其中任何一人都不能成为所有人；但是，存在按份的、及于全部的所有权。但是，【他认为】，其中任何一人对于浴室、门厅、场地的使用，都是及于全部的使用（实际上，不会因为其他人使用而使我使用【的范围】变小）。事实上，关于出借或出租之车，之所以我实质上只能使用部分，是因为我不能控制全部。更为正确的是，他认为，因故意、过失、缺乏谨慎、缺乏看管，我必须对整体负债。在某些情况下，存在两个【连带】债务人，若其中一人被起诉后，履行债务的，则解脱另一人的债务；盗窃之诉赋予两者。

D. 13. 6. 6　彭波尼：《萨宾评注》第 5 卷

如此，一人提起诉，则另一人对窃贼的诉讼消灭。

D. 13. 6. 7pr.　乌尔比安：《告示评注》第 28 卷

那么，提出【如下】问题：若其中一人提起盗窃之诉，是否只有该人应根据出借人【之诉】被起诉呢？杰尔苏认为：其中未提起盗窃【之诉】的人被起诉，若他应自担风险，【提供要式口约担保】提起盗窃之诉并从借用物中获利的另一人出庭的，则应听从之，并开释之。

D. 13. 6. 7. 1

Sed si legis Aquiliae adversus socium eius habuit commodator actionem, videndum erit, ne cedere debeat, si forte damnum dedit alter, quod hic qui convenitur commodati actione sarcire compellitur: nam et si adversus ipsum habuit Aquiliae actionem commodator, aequissimum est, ut commodati agendo remittat actionem: nisi forte quis dixerit agendo eum e lege Aquilia hoc minus consecuturum, quam ex causa commodati consecutus est: quod videtur habere rationem.

D. 13. 6. 8   *POMPONIUS libro quinto ad Sabinum*

Rei commodatae et possessionem et proprietatem retinemus.

D. 13. 6. 9   *ULPIANUS libro secundo ad edictum*

Nemo enim commodando rem facit eius cui commodat.

D. 13. 6. 10pr.   *IDEM libro vicensimo nono ad Sabinum*

Eum, qui rem commodatam accepit, si in eam rem usus est in quam accepit, nihil praestare, si eam in nulla parte culpa sua deteriorem fecit, verum est: nam si culpa eius fecit deteriorem, tenebitur.

D. 13. 6. 10. 1

Si rem inspectori dedi, an similis sit ei cui commodata res est, quaeritur. et si quidem mea causa dedi, dum volo pretium exquirere, dolum mihi tantum praestabit: si sui, et custodiam: et ideo furti habebit actionem. sed et si dum refertur periit, si quidem ego mandaveram per quem remitteret, periculum meum erit: si vero ipse cui voluit commisit, aeque culpam mihi praestabit, si sui causa accepit.

D. 13. 6. 7. 1

但是,若出借人对【某一造成借用物损害的】借用人曾有阿奎利亚法之诉,则需考察的是,在如下情形下该诉是否应消灭:其中一人造成损害,另一人因被提起出借人之诉而被迫赔偿损失。实际上,若出借人对其曾有阿奎利亚法之诉,则非常公正的【做法】是:若提出出借人之诉,则搁置【第一个】诉,除非存在如下情形:某人可以说,提起阿奎利亚法之诉,将能获得——减去以出借人之诉获得的价值——之差价。这种观点被认为有道理。

D. 13. 6. 8　彭波尼:《萨宾评注》第 5 卷

我们保有借用物的占有和所有权。

D. 13. 6. 9　乌尔比安:《告示评注》第 2 卷

实际上,无人在出借物时向借用人转让了物之所有权。

D. 13. 6. 10pr.　乌尔比安:《萨宾评注》第 29 卷

出借人按照借用之目的使用该物,若对于物的贬损无任何过错,则无需承担责任,这是正确的。但是,若对于物的贬损有过错,则须承担责任。

D. 13. 6. 10. 1

我给付物于专家【以对其估价】,则产生问题:专家【之法律地位】是否类似于借用人。实际上,若我的给付是基于我的利益,——因为我想知道物之价格——他对我仅就故意承担责任;若是基于他的利益,则他还需承担看管之责任,甚至可受盗窃之诉之束缚。但是,即使【如下情形】,风险仍归属于我:我委托某人将物带给我,在此过程中,物灭失。若该人擅自转任他人,假设他基于自身利益接受该物,则需对其过失承担责任。

D. 13. 6. 11   *PAULUS libro quinto ad Sabinum*

Qui non tam idoneum hominem elegerit, ut recte id perferri possit:

D. 13. 6. 12pr.   *ULPIANUS libro vicensimo nono ad Sabinum*

Si mei causa, dolum tantum.

D. 13. 6. 12. 1

Commodatam rem missus qui repeteret cum recepisset, aufugit. si dominus ei dari iusserat, domino perit: si commonendi causa miserat, ut referretur res commodata, ei cui commodatum [1] est.

D. 13. 6. 13pr.   *POMPONIUS libro undecimo ad Sabinum*

Is qui commodatum accepit si non apparentis rei nomine commodati condemnetur, cavendum ei est, ut repertam dominus ei praestet.

D. 13. 6. 13. 1

Si quem quaestum fecit is qui experiendum quid accepit, veluti si iumenta fuerint eaque locata sint, id ipsum praestabit ei [2] qui experiundum dedit: neque enim ante eam rem quaestui cuique esse oportet, priusquam periculo eius sit.

---

[1]   £ qui commodatus ¤ , vd. Mo. – Kr. , nt. 8.

[2]   < ei > , vd. Mo. – Kr. , nt. 9.

D. 13. 6. 11　保罗:《萨宾评注》第 5 卷

他未选择一个合适的人正确地行为。

D. 13. 6. 12pr.　乌尔比安:《萨宾评注》第 29 卷

若基于我的利益【接受该物】,则只对故意【负责】。

D. 13. 6. 12. 1

某人被指派去请求归还借用物,他获得了该物,而后逃跑。若物之所有人曾表明向该人给付,则物之丢失由所有人【承担】。若指派是基于借用人归还借用物之便宜,则物之丢失由借用人【承担】。

D. 13. 6. 13pr.　彭波尼:《萨宾评注》第 11 卷

若借用人被判决对借用物之丢失负责,则所有人须向其保证:当重获该物时,须向其归还。

D. 13. 6. 13. 1

因试用而接受物之人,若从中获利,与出租驮兽情形一样,该人须向——提供试用物的人——给付该利益。实际上,无人在不承担相应风险之情况下,可从物中获利。

D. 13. 6. 13. 2

Si libero homini, qui mihi bona fide serviebat, quasi servo rem commodavero, videamus, an habeam commodati actionem. nam et Celsus filius aiebat, si iussissem eum aliquid facere, vel mandati cum eo vel praescriptis verbis experiri me posse; idem ergo et in commodato erit dicendum. nec obstat, quod non hac mente cum eo, qui liber bona fide nobis serviret, contraheremus quasi eum obligatum habituri; plerumque enim id accidit, ut extra id quod ageretur tacita obligatio nascatur, veluti cum per errorem indebitum solvendi causa datur.

D. 13. 6. 14   *ULPIANUS libro quadragensimo octavo ad Sabinum*

Si servus meus rem meam tibi scienti nolle me tibi commodari commodaverit, et commodati et furti nascitur actio et praeterea condictio ex causa furtiva.

D. 13. 6. 15   *PAULUS libro vicensimo nono ad edictum*

Commodare possumus etiam alienam rem, quam possidemus, tametsi scientes alienam possidemus.

D. 13. 6. 16   *MARCELLUS libro quinto digestorum*

ita ut et si fur vel praedo commodaverit, habeat commodati actionem.

D. 13. 6. 17pr.   *PAULUS libro vicensimo nono ad edictum*

In commodato haec pactio, ne dolus praestetur, rata non est.

D. 13. 6. 17. 1

Contraria commodati actio etiam sine principali moveri potest, sicut et ceterae quae dicuntur contrariae.

D. 13. 6. 13. 2

某自由人善意地以奴隶身份为我劳作，而我将一物出借与他，我们需要考察：我有出借人之诉吗？实际上，杰尔苏（儿子）曾认为：若我曾命令他做某事，我可以提起委托之诉或前书之诉；而同样之情形，必须说，也【可以提起】出借人之诉。【如下】事实不能否认【上述观点】：我们没有使其负债之意图，而与该善意地以奴隶身份为我们提供劳作的自由人缔结债。实际上，经常发生如下情况：我们的行为【意图实现的目标】之外默示地发生债，如因错误导致地非债清偿。

D. 13. 6. 14　乌尔比安:《萨宾评注》第 48 卷

我的奴隶将我的物出借给你，若你明知：我不愿借给你该物，则发生出借人之诉和盗窃之诉。另外，【也可发生】源于盗窃的请求返还之诉。

D. 13. 6. 15　保罗:《告示评注》第 29 卷

我们甚至可以出借我们占有的他人之物，即使我们明知占有的是他人之物。

D. 13. 6. 16　马尔切勒:《学说汇纂》第 5 卷

同样，即使小偷或强盗出借，也有出借人之诉。

D. 13. 6. 17pr.　保罗:《告示评注》第 29 卷

在借用情形下，规定不对故意负责之简约无效。

D. 13. 6. 17. 1

即使在无他人提起主要诉的情况下，也可提起使用借贷对立诉；故此，和其他【类似的诉】一样，【该诉】被称为对立（contrariae）诉。

D. 13. 6. 17. 2

Si ex facto heredis agatur commodati, in solidum condemnatur, licet ex parte heres est.

D. 13. 6. 17. 3

Sicut autem voluntatis et officii magis quam necessitatis est commodare, ita modum commodati finemque praescribere eius est qui beneficium tribuit. cum autem id fecit, id est postquam commodavit, tunc finem praescribere et retro agere atque intempestive usum commodatae rei auferre non officium tantum impedit, sed et suscepta obligatio inter dandum accipiendumque. geritur enim negotium invicem et ideo invicem propositae sunt actiones, ut appareat, quod principio beneficii ac nudae voluntatis fuerat, converti in mutuas praestationes actionesque civiles. ut accidit in eo, qui absentis negotia gerere inchoavit: neque enim impune peritura deseret: suscepisset enim fortassis alius, si is non coepisset: voluntatis est enim suscipere mandatum, necessitatis consummare. igitur si pugillares mihi commodasti, ut debitor mihi caveret, non recte facies importune repetendo: nam si negasses, vel emissem vel testes adhibuissem. idemque est, si ad fulciendam insulam tigna commodasti, deinde protraxisti, aut etiam sciens vitiosa commodaveris: adiuvari quippe nos, non decipi beneficio oportet. ex quibus causis etiam contrarium iudicium utile esse dicendum est.

D. 13. 6. 17. 4

Duabus rebus commodatis recte de altera commodati agi posse Vivianus scripsit: quod ita videri verum, si separatae sint, Pomponius scripsit: nam eum qui carrucam puta vel lecticam commodavit, non recte acturum de singulis partibus.

D. 13. 6. 17. 2

若继承人提起出借人之诉，则继承人被判决对整个债【负责】，即使是部分遗产继承人。

D. 13. 6. 17. 3

由于借用更多的是出于自愿和道德义务，而非出于【义务之】必须，因此借用之具体形式、期限应由提供便利之人确定。若一旦他完成了该行为即出借行为后，则不仅仅道德义务，而且产生于给付—受领行为中的义务都不允许【他从事如下行为】：【重新】确定期限、违背当初决定、提前收回借用物。实际上，该行为是相互的，故而发生两个对立的诉，因为【如下事实】是清楚的：刚开始，这是仅仅出于为他人之便宜和自愿的，而后则转变为相互之给付，【并发生相互的】市民法之诉。此种情况也发生于如下情形：某人开始管理不在现场之人的事务；他不能终止管理而让该物贬损——此等行为不能不受惩罚——因为若他不开始管理，可能由其他人负责管理。同样，接受委托是自愿之事，而完成委托事项却是必须之事。据此，若你出借记账本于我，以便债务人记载债务给我，【而后】你不恰当地拿回记账本，则你的行为并非正当。实际上，若你不同意【出借记账本】，我可以购买它，或使用证人。同样的结论适用于【如下情形】：你出借圆木与我，用于支撑房屋，而后你取回之；或者你明知圆木有缺陷，但仍旧出借于我。因为从【他人提供的】便宜中，我们应获得利益，而不是遭受损害。在上述情形中，必须说，对立之诉是有用的。

D. 13. 6. 17. 4

维维阿诺写道：两个物被出借，针对其中一个物，可以正确地提起出借人之诉。在两物分离时，上述观点是正确的。彭波尼写道：实际上，某人出借马车或马轿，则不能针对具体之部分提起诉讼。

D. 13. 6. 17. 5

Rem commodatam perdidi et pro ea pretium dedi, deinde res in potestate tua venit: Labeo ait contrario iudicio aut rem mihi praestare te debere aut quod a me accepisti reddere.

D. 13. 6. 18pr.   *GAIUS libro nono ad edictum provinciale*

In rebus commodatis talis diligentia praestanda est, qualem quisque diligentissimus pater familias suis rebus adhibet, ita ut tantum eos casus non praestet, quibus resisti non possit, veluti mortes servorum quae sine dolo et culpa eius accidunt, latronum hostiumve incursus, piratarum insidias, naufragium, incendium, fugas servorum qui custodiri non solent. quod autem de latronibus et piratis et naufragio diximus, ita scilicet accipiemus, si in hoc commodata sit alicui res, ut eam rem peregre secum ferat: alioquin si cui ideo argentum commodaverim, quod is amicos ad cenam invitaturum se diceret, et id peregre secum portaverit, sine ulla dubitatione etiam piratarum et latronum et naufragii casum praestare debet. haec ita, si dumtaxat accipientis gratia commodata sit res, at si utriusque, veluti si communem amicum ad cenam invitaverimus tuque eius rei curam suscepisses et ego tibi argentum commodaverim, scriptum quidem apud quosdam invenio, quasi dolum tantum praestare debeas: sed videndum est, ne et culpa praestanda sit, ut ita culpae fiat aestimatio, sicut in rebus pignori datis et dotalibus aestimari solet.

D. 13. 6. 18. 1

Sive autem pignus sive commodata res sive deposita deterior ab eo qui acceperit facta sit, non solum istae sunt actiones, de quibus loquimur, verum etiam legis Aquiliae: sed si qua earum actum fuerit, aliae tolluntur.

D. 13. 6. 17. 5

我丢失了借用物；为之，给付了该物之价格，此后该物处于你的支配之下。拉贝奥认为：根据借用人之诉，你必须：或给付物与我，或归还由我处受领的【金钱】。

D. 13. 6. 18pr.　　盖尤斯：《行省告示评注》第9卷

对于借用物，需尽到此等谨慎义务：一个极其谨慎之家父对自己之物的谨慎义务。总之，他只对那些无法抵抗的情形不负责，如：不因其故意或过失而发生的奴隶之死亡；强盗或敌人之入侵；海盗的埋伏；船难；火灾；平常无需看管的奴隶之逃跑。但是，当我们说强盗、海盗和海难时，我们的意思是：出借物于他人，而该人将物带至遥远之地。相反，如我将银杯出借给某人，该人说要邀请朋友共聚晚餐，【但】他将该银杯带到远处，则毫无疑问，他仍需对海盗、强盗、海难之情势负责。此等一切都基于如下前提：物之出借仅为出借人之利益。但是相反，如果是为双方之【利益】，如我们邀请共同朋友共聚晚餐，由你打理此等事务，而我出借银杯于你，我在一些【法学家】的著述中发现：你仅需对故意负责。但是，正如人们通常在质押物、家资等情形中所做那样，通过对过失的判断来确定是否对过失负责。

D. 13. 6. 18. 1

另外，若物之受领人造成质押物、借用物、寄托物贬损，则不仅仅发生我们讨论的诉讼，而且还发生阿奎利亚法之诉。但是如果提起其中一诉，则其他诉消灭。

D. 13. 6. 18. 2

Possunt iustae causae intervenire, ex quibus cum eo qui commodasset agi deberet: veluti de impensis in valetudinem servi factis quaeve post fugam requirendi reducendique eius causa factae essent: nam cibariorum impensae naturali scilicet ratione ad eum pertinent, qui utendum accepisset. sed et id, quod de impensis valetudinis aut fugae diximus, ad maiores impensas pertinere debet: modica enim impendia verius est, ut sicuti cibariorum ad eundem pertineant.

D. 13. 6. 18. 3

Item qui sciens vasa vitiosa commodavit, si ibi infusum vinum vel oleum corruptum effusumve est, condemnandus eo nomine est.

D. 13. 6. 18. 4

Quod autem contrario iudicio consequi quisque potest, id etiam recto iudicio, quo cum eo agitur, potest salvum habere iure pensationis. sed fieri potest, ut amplius esset, quod invicem aliquem consequi oporteat, aut iudex pensationis rationem non habeat, aut ideo de restituenda re cum eo non agatur, quia ea res casu intercidit aut sine iudice restituta est: dicemus necessariam esse contrariam actionem.

D. 13. 6. 19 *IULIANUS libro primo digestorum*

Ad eos, qui servandum aliquid conducunt aut utendum accipiunt, damnum iniuria ab alio datum non pertinere procul dubio est: qua enim cura aut diligentia consequi possumus, ne aliquis damnum nobis iniuria det?

D. 13. 6. 18. 2

若发生正当事由，出借人可据此被起诉。如为治疗奴隶之费用，为寻找、重获逃跑奴隶之费用。相反，显然基于自然之理由，伙食之费用由借用人负担。但是，当我们讨论治疗奴隶之费用及为寻找、重获逃跑奴隶之费用时，指的是大笔支出。实际上，那些小笔支出，如伙食之费用，则由借用人负担。

D. 13. 6. 18. 3

同样，某人明知容器有瑕疵而出借，若倒入其中的酒或油变质或消失，则以该诉判决。

D. 13. 6. 18. 4

实际上，任何人通过对立诉可获得的东西，在对其提起的正诉中，可通过抵销方式获得它。但是，可发生此等情形：一方应获得的东西更多，或承审员不给予抵销，或不能起诉要求归还——因物已意外灭失或物之归还无需承审员之介入，于是我们认为对立诉是有必要的。

D. 13. 6. 19 尤里安：《学说汇纂》第 1 卷

毫无疑问，第三人不当造成的损害不能由以看管为目的的租赁人或以使用为目的而接受物之人承担。那么我们应达到何种程度的照看、谨慎【之标准】，以避免在我们身上发生不当损害呢？

D. 13. 6. 20   *IDEM libro tertio ad Urseium Ferocem*

Argentum commodatum si tam idoneo servo meo tradidissem ad te perferendum, ut non debuerit quis aestimare futurum, ut a quibusdam malis hominibus deciperetur, tuum, non meum detrimentum erit, si id mali homines intercepissent.

D. 13. 6. 21 pr.   *AFRICANUS libro octavo quaestionum*

Rem mihi commodasti: eandem subripuisti: deinde cum commodati ageres nec a te scirem esse subreptam, iudex me condemnavit et solvi: postea comperi a te esse subreptam: quaesitum est, quae mihi tecum actio sit. respondit furti quidem non esse, sed commodati contrarium iudicium utile mihi fore.

D. 13. 6. 21. 1

In exercitu contubernalibus vasa utenda communi periculo dedi ac deinde meus servus subreptis his ad hostes profugit et postea sine vasis receptus est. habiturum me commodati actionem cum contubernalibus constat pro cuiusque parte: sed et illi mecum furti servi nomine agere possunt, quando et noxa caput sequitur. et si tibi rem periculo tuo utendam commodavero eaque a servo meo subripiatur, agere mecum furti possis servi nomine.

D. 13. 6. 22   *PAULUS libro vicensimo secundo ad edictum*

Si servus, quem tibi commodaverim, furtum fecerit, utrum sufficiat contraria commodati actio (quemadmodum competit, si quid in curationem servi impendisti) an furti agendum sit, quaeritur. et furti quidem noxalem habere qui commodatum rogavit procul dubio est, contraria autem commodati tunc eum teneri, cum sciens talem esse servum ignoranti commodavit.

D. 13. 6. 20 尤里安：《乌尔赛·费洛克斯评注》第 3 卷

我将向你借用的银杯交付给我的奴隶，意图以此方式归还与你。该奴隶是如此之合适，以至于任何人都不能相信他会被坏人所欺骗。如果某些坏人从该奴隶处骗走银杯，且该银杯已遭到损害的，则损害归属于你，而非归属于我。

D. 13. 6. 21 pr. 阿富里坎：《争议集》第 8 卷

你出借物与我后，又盗走该物。你以出借人之诉起诉我，我不知该物为你所盗，承审员判决我负债，我清偿之。此后，我知道物为你所盗，争议便是：赋予我何种针对你的诉讼？【尤里安】回答道：我没有盗窃之诉，但借用人之诉会对我有用。

D. 13. 6. 21. 1

在服兵役期间，我出借若干容器与诸多战友，由他们共同使用、共担风险，而后我的奴隶盗走此等容器，而逃至敌营；其后，该奴隶被抓获，而容器已不知踪影。可以确定的是：我对诸多战友享有出借人之诉，可要求每位战友按份给付。但是，就此等诸位战友而言，他们可以因该奴隶而向我提起盗窃之诉，因为损害赔偿责任跟随人身。我出借物与你，由你使用和承担风险，而后我的奴隶盗走该物，你可因该奴隶而向我提起盗窃之诉。

D. 13. 6. 22 保罗：《告示评注》第 22 卷

我出借奴隶与你，而该奴隶盗窃，则争议是：仅仅赋予借用人之诉（正如在你支付奴隶之医疗费用的情形下赋予【借用人之诉】），还是可以提起盗窃之诉呢？毫无疑问，请求借用之人享有盗窃之诉，可要求损害投偿；然而只有此等人才受借用人之诉之束缚：明知【该奴隶会盗窃】之事实，但仍旧假装不知地出借该奴隶。

D. 13. 6. 23   *POMPONIUS libro vicensimo primo ad Quintum Mucium*

Si commodavero tibi equum, quo utereris usque ad certum locum, si nulla culpa tua interveniente in ipso itinere deterior equus factus sit, non teneris commodati: nam ego in culpa ero, qui in tam longum iter commodavi, qui eum laborem sustinere non potuit.

D. 13. 6. 23　彭波尼:《昆图斯穆奇评注》第 21 卷

若我出借马匹与你，以便你可驾驭它到达特定地方。在行程中马匹损伤，对此你没有任何过失，则你不受出借人之诉的束缚。相反，我却存在过失——若我出借一匹无法承受长途跋涉的马与你。

VII
DE PIGNERATICIA ACTIONE VEL CONTRA

D. 13. 7. 1 pr.   *ULPIANUS libro quadragensimo ad Sabinum*

Pignus contrahitur non sola traditione, sed etiam nuda conventione, etsi non traditum est.

D. 13. 7. 1. 1

Si igitur contractum sit pignus nuda conventione, videamus, an, si quis aurum ostenderit quasi pignori daturus et aes dederit, obligaverit aurum pignori: et consequens est ut aurum obligetur, non autem aes, quia in hoc non consenserint.

D. 13. 7. 1. 2

Si quis tamen, cum aes pignori daret, adfirmavit hoc aurum esse et ita pignori dederit, videndum erit, an aes pignori obligaverit et numquid, quia in corpus consensum est, pignori esse videatur: quod magis est. tenebitur tamen pigneraticia contraria actione qui dedit, praeter stellionatum quem fecit.

第七章
出质人之诉和质权人之诉

D. 13. 7. 1pr.　乌尔比安:《萨宾评注》第 40 卷

质押不仅可通过交付缔结,也可通过裸体协议缔结——即使没有交付。

D. 13. 7. 1. 1

故此,若质押通过裸体协议缔结,我们需要探讨:某人展示金子,作为将来交付的质物,而【后】他交付了铜块,则质押关系中,他是否对金子负责?他对金子而不是铜块负责,这是推论的自然结果,因为并未对铜块达成协议。

D. 13. 7. 1. 2

若某人交付铜以质押,但是声称这是金子,并将其作为金子交付质押,则需考察:在质押关系中,是对铜负责呢,还是考虑到达成合意、指明了具体的物,而认为是【金子】被质押?【后者】是较好之观点。除交易欺诈外,出质人还须受质权人之诉的束缚。

D. 13. 7. 2   *POMPONIUS libro sexto ad Sabinum*

Si debitor rem pignori datam vendidit et tradidit tuque ei nummos credidisti, quos ille solvit ei creditori cui pignus dederat, tibique cum eo convenit, ut ea res, quam iam vendiderat, pignori tibi esset, nihil te egisse constat, quia rem alienam pignori acceperis: ea enim ratione emptorem pignus liberatum habere coepisse neque ad rem pertinuisse, quod tua pecunia pignus sit liberatum.

D. 13. 7. 3   *IDEM libro octavo decimo ad Sabinum*

Si quasi recepturus a debitore tuo comminus pecuniam reddidisti ei pignus isque per fenestram id misit excepturo eo, quem de industria ad id posuerit, Labeo ait furti te agere cum debitore posse et ad exhibendum: et, si agente te contraria pigneraticia excipiat debitor de pignore sibi reddito, replicabitur de dolo et fraude, per quam nec redditum, sed per fallaciam ablatum id intellegitur.

D. 13. 7. 4   *ULPIANUS libro quadragensimo primo ad Sabinum*

Si convenit de distrahendo pignore sive ab initio sive postea, non tantum venditio valet, verum incipit emptor dominium rei habere. sed etsi non convenerit de distrahendo pignore, hoc tamen iure utimur, ut liceat distrahere, si modo non convenit, ne liceat. ubi vero convenit, ne distraheretur, creditor, si distraxerit, furti obligatur, nisi ei ter fuerit denuntiatum ut solvat et cessaverit.

D. 13. 7. 5   *POMPONIUS libro nono decimo ad Sabinum*

Idque iuris est, sive omnino fuerint pacti, ne veneat, sive in summa aut condicione aut loco contra pactionem factum sit.

D.13.7.2　彭波尼:《萨宾评注》第6卷

若债务人已出卖并交付了质物,而你借贷钱款给他,后者用借到的钱款支付给债权人,亦即质权人;你跟该债务人达成【以下】协议:上述已出卖之物将作为你的【债权】的质物。则显然你未完成任何行为,因为你接受了他人之物作为质物。而此时,买方已经开始享有——该从质押关系中解脱出来——之物的【所有权】。【至于】该物是否因你的钱款而从质押关系中解脱出来,并不重要。

D.13.7.3　彭波尼:《萨宾评注》第18卷

你准备在从你的债务人处收到欠款时,马上把质物归还给他。而此时他将质物扔到窗外,而当时,债务人已在窗外专门安排某人接应,以接收该物。拉贝奥认为,对债务人,你可提起盗窃之诉和出示之诉。若你提起质权人之诉,债务人提出抗辩,要求归还质物与他的,则可以如此反驳:因故意和诈骗,不能认为质物未被归还,而应认为质物因诈欺而被夺取。

D.13.7.4　乌尔比安:《萨宾评注》第41卷

从【质押】开始或随后,若达成协议转让该质物,则不仅出卖行为有效,而且买方开始享有物之所有权。即使从未就质物的可转让性达成协议,我们仍旧享有此等权利:可以转让质物,除非业已达成不得转让之协议。然而,若已达成不得转让之协议,债权人却转让该物,则受盗窃之诉的束缚,除非他已催告债务人三次,要求履行债务,而【他】并未履行。

D.13.7.5　彭波尼:《萨宾评注》第9卷

该法同样适用于如下情形:达成【质物】绝不能被出卖的简约;规定出卖质物之价金、条件和地点的简约被违反。

D. 13. 7. 6pr.   *IDEM libro trigensimo quinto ad Sabinum*

Quamvis convenerit, ut fundum pigneraticium tibi vendere licer-et, nihilo magis cogendus es vendere, licet solvendo non sit is qui pignus dederit, quia tua causa id caveatur. sed Atilicinus ex causa cogendum creditorem esse ad vendendum dicit: quid enim si multo minus sit quod debeatur et hodie pluris venire possit pignus quam postea? melius autem est dici eum, qui dederit pignus, posse vendere et accepta pecunia solvere id quod debeatur, ita tamen, ut creditor necessitatem habeat ostendere rem pigneratam, si mobilis sit, prius idonea cautela a debitore pro indemnitate ei praestanda. invitum enim creditorem cogi vendere satis inhumanum est.

D. 13. 7. 6. 1

Si creditor pluris fundum pigneratum vendiderit, si id faeneret, usuram eius pecuniae praestare debet ei qui dederit pignus: sed et si ipse usus sit ea pecunia, usuram praestari oportet. quod si eam de-positam habuerit, usuras non debet.

D. 13. 7. 7   *PAULUS libro secundo sententiarum*

Si autem tardius superfluum restituat creditor id quod apud eum depositum est, ex mora etiam usuras debitori hoc nomine praestare cogendus est.

D. 13. 7. 6pr.　彭波尼：《萨宾评注》第 35 卷

若达成协议：你可以出卖质押之土地。这绝不意味着你必须出卖它，即使出质人陷于不能清偿之情境，因为它是为你的利益而订立的。但阿提里奇努斯说道：基于某些理由，债权人可被强制出卖质物。实际上，若发生如下情形：债务【数额】相对非常少，今天出卖质物可以比以后出卖质物获得更高的价格，【则如何处理】？因此，较好的观点是：出质人可出卖质物，然后用获得的价款清偿债务；而在此种情形下，若质物是动产，债权人须确保质物能够被展示，债务人须事先向债权人提供担保：对可能造成的损失负责。实际上，债权人被强制出卖质物，这在一定程度上是违背人之【事理】的。

D. 13. 7. 6. 1

债权人以较高价出卖作为质物之土地后，若【用该价款】放高利贷，则他必须向出质人给付该价款之利息所得：若该人使用了价款，则他需给付利息；若保存该价款，则无需支付利息。

D. 13. 7. 7　保罗：《论点集》第 2 卷

若债权人归还保存其处的价款陷入极度迟延，则根据迟延，他还须向债务人给付该价款之利息。

D. 13. 7. 8pr. *POMPONIUS libro tricensimo quinto ad Sabinum*

Si necessarias impensas fecerim in servum aut in fundum, quem pignoris causa acceperim, non tantum retentionem, sed etiam contrariam pigneraticiam actionem habebo: finge enim medicis, cum aegrotaret servus, dedisse me pecuniam et eum decessisse, item insulam fulsisse vel refecisse et postea deustam esse, nec habere quod possem retinere.

D. 13. 7. 8. 1

Si pignori plura mancipia data sint, et quaedam certis pretiis ita vendiderit creditor, ut evictionem eorum praestaret, et creditum suum habeat, reliqua mancipia potest retinere, donec ei caveatur, quod evictionis nomine promiserit, indemnem eum futurum.

D. 13. 7. 8. 2

Si unus ex heredibus debitoris portionem suam solverit, tamen tota res pignori data venire poterit, quemadmodum si ipse debitor portionem solvisset.

D. 13. 7. 8. 3

Si annua bima trima die triginta stipulatus acceperim pignus pactusque sim, ut nisi sua quaque die pecunia soluta esset, vendere eam mihi liceret, placet, antequam omnium pensionum dies veniret, non posse me pignus vendere, quia eis verbis omnes pensiones demonstrarentur: nec verum est sua quaque die non solutam pecuniam, antequam omnes dies venirent. sed omnibus pensionibus praeteritis, etiamsi una portio soluta non sit, pignus potest venire. sed si ita scriptum sit: ' si qua pecunia sua die soluta non erit ', statim competit ei pacti conventio.

D. 13. 7. 8pr.　　彭波尼:《萨宾评注》第 9 卷

若我为受领的质物——奴隶或土地——支付了必要费用,则我不仅可以留置,而且可享有质权人之诉。实际上,设想:因奴隶生病,我向医生支付费用,而后该奴隶死亡;或我加固或重建楼房,而后该楼房因火灾而灭失,则我不能保有任何东西。

D. 13. 7. 8. 1

若给付多个奴隶作为质物,而债权人以特定价格出卖了其中一些奴隶,并提供了这些奴隶的追夺担保;为了保有其债权,该债权人可以保留其他奴隶,直至【出质人】向他提供要式口约,保证他不会因【向买受人】作出的追夺担保而遭受损失。

D. 13. 7. 8. 2

债务人的其中一个继承人清偿了其按份债务,即便如此,【质权人仍】可出卖整个质物——正如债务人清偿了部分债务那样。

D. 13. 7. 8. 3

若某人通过要式口约向我承诺,3 年内每年【支付若干】、共支付 30【币】,【而后】我受领了质物,并且达成如下简约:债务的每一清偿期届满后,该债务未获清偿的,我可以出卖该质物。倾向认为:在所有债务清偿期届满前,我不得出卖质物,因为上述言辞应被理解为所有债务之清偿。如下理解是不正确的:所有债务清偿期届至前,【只要】任何一笔金钱债务已届至而未获清偿。但是,所有均已至清偿期,即使只有一笔债务未获清偿,也可出卖质物。但是,一旦如此写道:"某一金钱债务清偿期已至而未获清偿",则立即根据达成之简约内容,赋予债权人以【诉权】。

D. 13. 7. 8. 4

De vendendo pignore in rem pactio concipienda est, ut omnes contineantur: sed et si creditoris dumtaxat persona fuerit comprehensa, etiam heres eius iure vendet, si nihil in contrarium actum est.

D. 13. 7. 8. 5

Cum pignus ex pactione venire potest, non solum ob sortem non solutam venire poterit, sed ob cetera quoque, veluti usuras et quae in id impensa sunt.

D. 13. 7. 9pr.   *ULPIANUS libro vicensimo octavo ad edictum*

Si rem alienam mihi debitor pignori dedit aut malitiose in pignore versatus sit, dicendum est locum habere contrarium iudicium.

D. 13. 7. 9. 1

Non tantum autem ob pecuniam, sed et ob aliam causam pignus dari potest, veluti si quis pignus alicui dederit, ut pro se fideiubeat.

D. 13. 7. 9. 2

Proprie pignus dicimus, quod ad creditorem transit, hypothecam, cum non transit nec possessio ad creditorem.

D. 13. 7. 8. 4

对于出卖质物之简约，需与【相应】的法律关系一起考察，如此便能囊括所有的【可能涉及之人】。但是，若只有一个债权人，则其继承人出卖质物也是合法的——只要简约无相反之约定。

D. 13. 7. 8. 5

根据简约，可出卖质物。据此，不仅因为主债权未获清偿时可出卖【质物】，而且其他【债权】，如利息、涉及质物的必要费用【等未获清偿时，也可以出卖质物】。

D. 13. 7. 9pr.　　乌尔比安《告示评注》第 28 卷

若债务人向我给付他人之物，或者涉及质物时存在恶意行为，则必须指出，应适用质权人之诉。

D. 13. 7. 9. 1

不仅因金钱【之债】，还可因其他原因而给付质物，比如某人向他人给付质物，为的是向他提供担保。

D. 13. 7. 9. 2

我们称之为"质押（*pignus*）"，正是因为向债权人移转【占有】；【而称之为】"抵押（*hypotheca*）"，则因为连占有也不向债权人移转。

D. 13. 7. 9. 3

Omnis pecunia exsoluta esse debet aut eo nomine satisfactum esse, ut nascatur pigneraticia actio. satisfactum autem accipimus, quemadmodum voluit creditor, licet non sit solutum: sive aliis pignoribus sibi caveri voluit, ut ab hoc recedat, sive fideiussoribus sive reo dato sive pretio aliquo vel nuda conventione, nascitur pigneraticia actio. et generaliter dicendum erit, quotiens recedere voluit creditor a pignore, videri ei satisfactum, si ut ipse voluit sibi cavit, licet in hoc deceptus sit.

D. 13. 7. 9. 4

Is quoque, qui rem alienam pignori dedit, soluta pecunia potest pigneraticia experiri.

D. 13. 7. 9. 5

Qui ante solutionem egit pigneraticia, licet non recte egit, tamen, si offerat in iudicio pecuniam, debet rem pigneratam et quod sua interest consequi.

D. 13. 7. 10   *GAIUS libro nono ad edictum provinciale*

Quod si non solvere, sed alia ratione satisfacere paratus est, forte si expromissorem dare vult, nihil ei prodest.

D. 13. 7. 11 pr.   *ULPIANUS libro vicensimo octavo ad edictum*

Solutum non videtur, si lis contestata cum debitore sit de ipso debito vel si fideiussor conventus fuerit.

D. 13. 7. 9. 3

必须所有债务已获清偿，或【债权人】在该法律关系中已获得满足，才可发生出质人之诉。实际上，我们如此理解"已获得满足"：债权人已获得其想要的——尽管未获清偿。如他想要：以其他质物为标的担保，从而解除原质押；或保证人；或我的债务人；或以价款之名义，使另一笔金钱被给付；或裸体简约，【此等情形】均产生出质人之诉。就一般而言，必须指出：任何情势下，只要使得债权人愿意解除质押，或为他提供了其想要之担保——即便他因此而受到了欺骗——也认为他获得了满足。

D. 13. 7. 9. 4

即便是提供他人之物作为质物的人，只要清偿了债务，也可提起出质人之诉。

D. 13. 7. 9. 5

清偿前，某人提起了出质人之诉，尽管他并非正当地提起诉讼。但是，若他当庭提供了金钱，则应获得质物和相关孳息。

D. 13. 7. 10　　盖尤斯：《行省告示》第9卷

但是，若他未准备清偿，但准备以其他方式满足债权人的，比如他希望提供债务承担，则【此等行为】对他无任何帮助。

D. 13. 7. 11 pr.　　乌尔比安：《告示评注》第28卷

【如下情形】不被认为已清偿：争讼程序中，债务人因该债务而出庭，或保证人被【债权人】传唤出庭。

D. 13. 7. 11. 1

Novata autem debiti obligatio pignus peremit, nisi convenit, ut pignus repetatur.

D. 13. 7. 11. 2

Si quasi daturus tibi pecuniam pignus accepero nec dedero, pigneraticia actione tenebor et nulla solutione facta: idemque et si accepto lata sit pecunia, vel condicio defecit, ob quam pignus contractum est, vel si pactum, cui standum est, de pecunia non petenda factum est.

D. 13. 7. 11. 3

Si in sortem dumtaxat vel in usuras obstrictum est pignus, eo soluto propter quod obligatum est locum habet pigneraticia. sive autem usurae in stipulatum sint deductae sive non, si tamen pignus et in eas obligatum fuit, quamdiu quid ex his debetur, pigneraticia cessabit. alia causa est earum, quas quis supra licitum modum promisit: nam hae penitus illicitae sunt.

D. 13. 7. 11. 4

Si creditori plures heredes exstiterint et uni ex his pars eius solvatur, non debent ceteri heredes creditoris iniuria adfici, sed possunt totum fundum vendere oblato debitori eo, quod coheredi eorum solvit: quae sententia non est sine ratione.

D. 13. 7. 11. 1

【被担保之】债更新，则消灭质押，除非达成协议重新设立质押。

D. 13. 7. 11. 2

我受领了质物，而我正准备给你一笔金钱，但后来并未给你，则我受出质人之诉的束缚，即使你并未清偿任何东西。同样的【法律后果】适用于如下情形之一：给付的金钱【之债】被正式免除；质押成立之条件未实现；关于金钱债务不得请求履行之简约已订立，该简约须得到遵守。

D. 13. 7. 11. 3

若质物仅被束缚于主债或利息，一旦从该束缚中解脱，则可适用出质人之诉。而若质物也被束缚于利息，无论利息是否于要式口约中规定，只要还因之而负债，就不发生出质人之债。不同的是：某人允诺之利息超过法律规定【之上限】；实际上，整个利息【之债】都是非法的。

D. 13. 7. 11. 4

有多个继承人承继债权人债权，其中一个继承人的按份债权被清偿，其他继承人不应因此而遭受不正当之后果。但是，只要其他继承人向债务人给付——该债务人已经向共同继承人支付的——金钱，则他们可以出卖整个【作为质物之】土地。这一观点并非没有理由。

D. 13. 7. 11. 5

Solutam autem pecuniam accipiendum non solum, si ipsi, cui obligata res est, sed et si alii sit soluta voluntate eius, vel ei cui heres exstitit, vel procuratori eius, vel servo pecuniis exigendis praeposito. unde si domum conduxeris et eius partem mihi locaveris egoque locatori tuo pensionem solvero, pigneraticia adversus te potero experiri (nam Iulianus scribit solvi ei posse): et si partem tibi, partem ei solvero, tantundem erit dicendum. plane in eam dumtaxat summam invecta mea et illata tenebuntur, in quam cenaculum conduxi: non enim credibile est hoc convenisse, ut ad universam pensionem insulae frivola mea tenebuntur. videtur autem tacite et cum domino aedium hoc convenisse, ut non pactio cenacularii proficiat domino, sed sua propria.

D. 13. 7. 11. 6

Per liberam autem personam pignoris obligatio nobis non adquiritur, adeo ut ne per procuratorem plerumque vel tutorem adquiratur: et ideo ipsi actione pigneraticia convenientur. sed nec mutat, quod constitutum est ab imperatore nostro posse per liberam personam possessionem adquiri: nam hoc eo pertinebit, ut possimus pignoris nobis obligati possessionem per procuratorem vel tutorem adprehendere, ipsam autem obligationem libera persona nobis non semper adquiret.

D. 13. 7. 11. 7

Sed si procurator meus vel tutor rem pignori dederit, ipse agere pigneraticia poterit: quod in procuratore ita procedit, si ei mandatum fuerit pignori dare.

D. 13. 7. 11. 5

不仅向质权人之清偿应被认为是债务清偿，【如下情形】也应被认为是债务清偿：向符合该人意愿之人的清偿；向成为其继承人之人、其代理人、被事先准备受领金钱债权的奴隶【的清偿】。因此，你租赁房屋，而分租部分于我，我向你的出租人支付房租，我可以向你提起出质人之诉（实际上，尤里安写道：可以向他【指出租人】清偿）；若我向你清偿部分租金，并向他给付部分租金，必须指出，结果是一样的。很明显，我带入【房屋】的物，仅作为我分租房子的租金的【担保】。实际上，【如下观点】是不可相信的：已达成如下之协议——我的微不足道的物被用于【担保】整个租金。实际上，应认为与房子的所有人默示达成如下协议：后者不能从分租人的【质押】简约中获利，而只能从自己与【分租人】之间的【质押】简约中【获利】。

D. 13. 7. 11. 6

实际上，我们不能通过自由人获得【请求归还】质物之债。同样，大多数情况下，也不能通过代理人或监护人获得。根据出质人之诉，他们则被起诉。而且如下事实不能改变【上述规则】：我们的皇帝曾通过谕令规定，可通过自由人获得占有。实际上，该谕令关乎如下情势：我们可通过代理人和监护人获得受我们束缚的质物的占有；通过自由人，并不总是能获得【请求归还质物之】债。

D. 13. 7. 11. 7

但是，若我的代理人或监护人给付质物，则此等人可以提起出质人之诉。就代理人情形而言，若他被委托给付质物，则发生同样【效果】。

D. 13. 7. 12   *GAIUS libro nono ad edictum provinciale*

vel universorum bonorum administratio ei permissa est ab eo, qui sub pignoribus solebat mutuas pecunias accipere.

D. 13. 7. 13pr.   *ULPIANUS libro trigensimo octavo ad edictum*

Si, cum venderet creditor pignus, convenerit inter ipsum et emptorem, ut, si solverit debitor pecuniam pretii emptori, liceret ei recipere rem suam, scripsit Iulianus et est rescriptum ob hanc conventionem pigneraticiis actionibus teneri creditorem, ut debitori mandet ex vendito actionem adversus emptorem. sed et ipse debitor aut vindicare rem poterit aut in factum actione adversus emptorem agere.

D. 13. 7. 13. 1

Venit autem in hac actione et dolus et culpa, ut in commodato: venit et custodia: vis maior non venit.

D. 13. 7. 14   *PAULUS libro vicensimo nono ad edictum*

Ea igitur, quae diligens pater familias in suis rebus praestare solet, a creditore exiguntur.

D. 13. 7. 15   *ULPIANUS libro vicensimo octavo ad edictum*

Creditor cum pignus reddit, de dolo debet debitori repromittere: et si praedium fuit pigneratum, et de iure eius repromittendum est, ne forte servitutes cessante uti creditore amissae sint.

D. 13. 7. 16pr.   *PAULUS libro vicensimo nono ad edictum*

Tutor lege non refragante si dederit rem pupilli pignori, tuendum erit, scilicet si in rem pupilli pecuniam accipiat. idem est et in curatore adulescentis vel furiosi.

D. 13. 7. 12　盖尤斯:《行省告示》第9卷

或者,他被——经常受领借款、给付质物之人——允许管理所有财产【的情况下】。

D. 13. 7. 13pr.　乌尔比安:《告示评注》第38卷

债权人出卖质物,在该债权人和买受人之间达成协议:若债务人向买受人清偿相当于价格之金钱,则债务人可以要求归还其物。尤里安曾写并被道敕答所规定:根据该协议,债权人受出质人之诉的约束,即他须通过委任向债务人转移对买受人的出卖人之诉。但是,该债务人也可提起所有权返还之诉或向买受人提起事实之诉。

D. 13. 7. 13. 1

而该诉中,如同寄托之诉一样,也须考虑故意和过失,须考虑看管义务,但无需对不可抗力【负责】。

D. 13. 7. 14　保罗:《告示评注》第29卷

因此,那些谨慎之家父对自己之物须尽到的【义务】,债权人须履行。

D. 13. 7. 15　乌尔比安:《告示评注》第28卷

归还质物时,债权人须向债务人提供要式口约以担保【自身】不存在故意。若质物为土地,须担保该土地上的权利【未灭失】,例如,地役权并未因债权人不再使用该土地而灭失。

D. 13. 7. 16pr.　保罗:《告示评注》第29卷

监护人,在不违背法律的情况下,若给付受监护人之物作为质物,则应予以保护——毫无疑问,应是为受监护人之利益受领借款。此等规则,同样适用于未成年人和精神病人的保佐人。

D. 13. 7. 16. 1

Contrariam pigneraticiam creditori actionem competere certum est: proinde si rem alienam vel alii pigneratam vel in publicum obligatam dedit, tenebitur, quamvis et stellionatus crimen committat. sed utrum ita demum, si scit, an et si ignoravit? et quantum ad crimen pertinet, excusat ignorantia: quantum ad contrarium iudicium, ignorantia eum non excusat, ut Marcellus libro sexto digestorum scribit. sed si sciens creditor accipiat vel alienum vel obligatum vel morbosum, contrarium ei non competit.

D. 13. 7. 16. 2

Etiam vectigale praedium pignori dari potest: sed et superficiarium, quia hodie utiles actiones superficiariis dantur.

D. 13. 7. 17   MARCIANUS *libri singulari ad formulam hypothecariam*

Sane divi Severus et Antoninus rescripserunt ut sine deminutione mercedis soli obligabitur.

D. 13. 7. 18pr.   PAULUS *libro vicensimo nono ad edictum*

Si convenerit, ut nomen debitoris mei pignori tibi sit, tuenda est a praetore haec conventio, ut et te in exigenda pecunia et debitorem adversus me, si cum eo experiar, tueatur. ergo si id nomen pecuniarium fuerit, exactam pecuniam tecum pensabis, si vero corporis alicuius, id quod acceperis erit tibi pignoris loco.

D. 13. 7. 18. 1

Si nuda proprietas pignori data sit, usus fructus, qui postea adcreverit, pignori erit: eadem causa est alluvionis.

D. 13. 7. 16. 1

当然，赋予债权人以质权人之诉。总之，若债务人给付他人之物、已出质的或因公共利益而受束缚的物，则受【该诉】束缚，尽管他的行为构成交易欺诈罪。但是，仅仅在明知情况下【负责】，还是在不知的情况下也需【负责】？涉及交易欺诈罪的，"不知"构成一个阻却事由；涉及质权人之诉的，"不知"不构成一个阻却事由——马尔切勒在《学说汇纂》第6卷如此写道。但是，若债权人明知质物属于他人或质物上已存束缚或质物染疾，而仍接受质物的，则不得赋予其质权人之诉。

D. 13. 7. 16. 2

即使是赋税地，亦可以作为质物交付之；并且，地上权也【可以作为质物】，因为地上权人现今被赋予了扩用之诉。

D. 13. 7. 17　马尔西安：《抵押程式评注》单卷本

当然，神圣的【赛第米】塞维鲁皇帝和安东尼【卡拉卡拉】皇帝在敕答中规定：【该土地作为质物】受束缚，而无需减少租金。

D. 13. 7. 18pr.　保罗：《告示评注》第29卷

若达成协议——我的债权质押于你，则该协议应受裁判官保护：他保护你请求钱款；若我向债务人起诉，也保护债务人。故此，若它【指债务】是金钱之债，你可用领取的钱款抵销【你的债权】；相反，若它是有体物之债，你将保留受领之物作为你的质物。

D. 13. 7. 18. 1

若裸体所有权为质物，其后发生的用益权，【也】成为质物。理由同河水泛滥之情形。

D. 13. 7. 18. 2

Si fundus pigneratus venierit, manere causam pignoris, quia cum sua causa fundus transeat: sicut in partu ancillae, qui post venditionem natus sit.

D. 13. 7. 18. 3

Si quis caverit, ut silva sibi pignori esset, navem ex ea materia factam non esse pignori Cassius ait, quia aliud sit materia, aliud navis: et ideo nominatim in dando pignore adiciendum esse ait: ' quaeque ex ea[1] silva facta natave sint '.

D. 13. 7. 18. 4

Servus rem peculiarem si pignori dederit, tuendum est, si liberam peculii administrationem habuit: nam et alienare eas res potest.

D. 13. 7. 19   *MARCIANUS libro singulari ad formulam hypothecariam*

Eadem et de filio familias dicta intellegemus.

D. 13. 7. 20pr.   *PAULUS libro vicensimo nono ad edictum*

Aliena res pignori dari voluntate domini potest: sed et si ignorante eo data sit et ratum habuerit, pignus valebit.

D. 13. 7. 20. 1

Si pluribus res simul pignori detur, aequalis omnium causa est.

---

[1]   < ea > , vd. Mo. – Kr. , nt. 6.

D. 13. 7. 18. 2

作为质物的土地被出卖的，质押关系续存——因为土地与土地上的法律关系一同移转——如同女奴之胎儿在出卖后出生。

D. 13. 7. 18. 3

某人通过要式口约被承诺：树林质押给他。卡西认为：由该树林之树木作为材料建造的船舶，不是质物；材料和船舶是两种物体。卡西认为：【为了使得船舶成为质物】，必须明示补充如下言辞："以该树林之【树木】建造或在该树林里产生的物体。"

D. 13. 7. 18. 4

奴隶交付特有产中的物作为质物，若【交付时】奴隶有管理特有产之自由，应给予他保护。实际上，【此种情况下】，奴隶可以转让特有产中的该物。

D. 13. 7. 19　马尔西安：《抵押程式评注》单卷本

我们认为：同样的规则适用于家子。

D. 13. 7. 20pr.　保罗：《告示评注》第 29 卷

经所有权人同意，他人之物可被给付作为质物。即使物在所有权人不知情的情况下被给付，而后他追认的，质押仍有效。

D. 13. 7. 20. 1

若一物同时被出质给多人，则所有人地位同等。

D. 13. 7. 20. 2

Si per creditorem stetit, quo minus ei solvatur, recte agitur pigneraticia.

D. 13. 7. 20. 3

Interdum etsi soluta sit pecunia, tamen pigneraticia actio inhibenda est, veluti si creditor pignus suum emerit a debitore.

D. 13. 7. 21 *IDEM libro sexto brevium*

Domo pignori data et area eius tenebitur: est enim pars eius. et contra ius soli sequetur aedificium.

D. 13. 7. 22pr. *ULPIANUS libro trigensimo ad edictum*

Si pignore subrepto furti egerit creditor, totum, quidquid percepit, debito eum imputare Papinianus confitetur, et est verum, etiamsi culpa creditoris furtum factum sit. multo magis hoc erit dicendum in eo, quod ex condictione consecutus est. sed quod ipse debitor furti actione praestitit creditori vel condictione, an debito sit imputandum videamus: et quidem non oportere id ei restitui, quod ipse ex furti actione praestitit, peraeque relatum est et traditum, et ita Papinianus libro nono quaestionum ait.

D. 13. 7. 22. 1

Idem Papinianus ait et si metus causa servum pigneratum debitori tradiderit, quem bona fide pignori acceperat: nam si egerit quod metus causa factum est et quadruplum sit consecutus, nihil neque restituet ex eo quod consecutus est nec debito imputabit.

D. 13. 7. 20. 2

若未清偿归因于债权人，则可正当地提起出质人之诉。

D. 13. 7. 20. 3

某些情况下，即使金钱债务已清偿，但出质人之诉却被阻却，如债权人已向债务人购买质物之情形。

D. 13. 7. 21　保罗：《〈告示〉短论》第6卷

出质房屋，则地基亦受束缚：实际上，后者是房屋的一部分。在相反的情形，则房随地走。

D. 13. 7. 22pr.　乌尔比安：《告示评注》第30卷

质物被盗，债权人提起盗窃之诉——帕比尼安确认——他须把获得的一切抵偿【债务】。如下观点是正确的：即使债权人对于盗窃之发生有过失，也【可】提起盗窃之诉。必须指出，根据更充分之理由，债权人因【源于盗窃的】请求返还之诉获得的东西，也同样如此【即抵偿债务】。但是，我们需考察：债务人因盗窃之诉或【源于盗窃的】请求返还之诉——而向债权人给付，【债权人】是否需抵偿债务呢？毫无疑问，债务人据盗窃之诉向债权人之给付，债权人无需归还于他。【该观点】被一致地提及和传承，帕比尼安在《争议集》第9卷中也如此认为。

D. 13. 7. 22. 1

同样，帕比尼安也认为：【债权人】因胁迫向债务人交付了质押之奴隶，而债权人接受该奴隶时是善意的。若他根据胁迫之事实提起诉讼，并且获得4倍之赔偿的，无需归还任何获得的东西，也无需将之抵偿债务。

D. 13. 7. 22. 2

Si praedo rem pignori dederit, competit ei et de fructibus pigneraticia actio, quamvis ipse fructus suos non faciet (a praedone enim fructus et vindicari extantes possunt et consumpti condici): proderit igitur ei, quod creditor bona fide possessor fuit.

D. 13. 7. 22. 3

Si post distractum pignus debitor, qui precario rogavit vel conduxit pignus, possessionem non restituat, contrario iudicio tenetur.

D. 13. 7. 22. 4

Si creditor, cum venderet pignus, duplam promisit (nam usu hoc evenerat et conventus ob evictionem erat et condemnatus), an haberet regressum pigneraticiae contrariae actionis? et potest dici esse regressum, si modo sine dolo et culpa sic vendidit et ut pater familias diligens id gessit: si vero nullum emolumentum talis venditio attulit, sed tanti venderet, quanto vendere potuit, etiamsi haec non promisit, regressum non habere.

D. 13. 7. 23 *TRYPHONINUS libro octavo disputationum*

nec enim amplius a debitore quam debiti summam [1] consequi poterit. sed si stipulatio usurarum fuerat et post quinquennium forte, quam pretium consecutus est, re obligata evicta duplam emptori [2] restituit, etiam medii temporis usuras a debitore petere potest, quia nihil ei solutum esse, ut auferri non possit, palam factum est: sed si simplum praestitit, doli exceptione repellendus erit ab usurarum petitione, quia habuit usum pecuniae pretii, quod ab emptore acceperat.

---

[1] £ summa ¤ , vd. Mo. – Kr. , nt. 16.
[2] £ pretium ex re obligata victus eam emptori ¤ , vd. Mo. – Kr. , nt. 17.

D. 13. 7. 22. 2

强盗出质某物，为请求返还孳息，也赋予他出质人之诉——尽管他不能使孳息变成自己的。实际上，（既可通过所有权返还之诉要求强盗返还现存孳息，也可通过请求返还之诉返还已消耗的孳息）。因此，债权人是善意占有人对他有利。

D. 13. 7. 22. 3

临时占有或租赁质物的债务人，在质物转让后，不归还占有的，则他受质权人之诉之束缚。

D. 13. 7. 22. 4

债权人出卖质物时，通过要式口约作出了【在标的物受追夺时】双倍返还之承诺（实践中发生：债权人因标的物受追夺而被起诉、被判决之情形），则债权人是否可以提起质权人之诉而向【债务人】追索呢？可以说，能追索——只要在出卖标的物时没有过错，只要如同谨慎的家父那样管理了质物。但是，如果该买卖未盈利，而是以本应有的价格出卖之，则即使未作出上述允诺，也不得追索。

D. 13. 7. 23　特里芬尼鲁斯：《论断集》第 8 卷

从债务人处不得获得高于债务的【给付】。但是，如果【债权人和债务人间】存在利息要式口约，债权人在【从买受人处】收到【质物】价款的——打个比方说——5 年过后，质物被追夺，他向买受人双倍返还，则债权人甚至可向债务人请求期间利息。因为【在买卖关系中，】除了那些能被【买受人】取回的内容外，他根本未得到任何清偿，这一事实非常清楚。但是，如果【债务人】清偿的是简单的金钱之债【即不存在利息要式口约】，根据诈欺抗辩，其利息请求应被驳回，因为他使用了从买受人处获得的价款。

D. 13. 7. 24pr.   *ULPIANUS libro trigensimo ad edictum*

Eleganter apud me quaesitum est, si impetrasset creditor a Cae-
sare, ut pignus possideret idque evictum esset, an habeat contrariam
pigneraticiam. et videtur finita esse pignoris obligatio et a contractu
recessum. immo utilis ex empto accommodata est, quemadmodum si
pro soluto ei res data fuerit, ut in quantitatem debiti ei satisfiat vel in
quantum eius intersit, et compensationem habere potest creditor, si
forte pigneraticia vel ex alia causa cum eo agetur.

D. 13. 7. 24. 1

Qui reprobos nummos solvit creditori, an habet pigneraticiam actionem quasi soluta pecunia, quaeritur: et constat neque pigneraticia
eum agere neque liberari posse, quia reproba pecunia non liberat sol-
ventem, reprobis videlicet nummis reddendis.

D. 13. 7. 24. 2

Si vendiderit quidem creditor pignus pluris quam debitum erat,
nondum autem pretium ab emptore exegerit, an pigneraticio iudicio
conveniri possit ad superfluum reddendum, an vero vel exspectare debeat, quoad emptor solvat, vel suscipere actiones adversus emptorem? et arbitror non esse urguendum ad solutionem creditorem, sed
aut exspectare debere debitorem aut, si non exspectat, mandandas ei
actiones adversus emptorem periculo tamen venditoris. quod si accepit
iam pecuniam, superfluum reddit.

D. 13. 7. 24pr.　　乌尔比安：《告示评注》第 30 卷

人们向我提出了一个很好的问题：若债权人从塞萨尔处获得了对质物的占有【如同所有权人那样】，而该物已被追夺，则他是否享有质权人之诉？应认为：归还质物之债已消灭，已从缔结之债中解脱。甚至规定了扩用的买受人之诉，仿佛该物之给付是【买卖合同之】履行，如此能满足他在债务和相应利息方面的需求；一旦发生任何针对他的出卖人之诉或其他诉讼，债权人甚至可以有抵销【的权利】。

D. 13. 7. 24. 1

某人用劣等钱币向债权人清偿，问题便是：是否如同清偿了债务一样，享有出质人之诉呢？确定的是：他不能提起出质人之诉，也不能【从债中】解脱，因为用劣等钱币不能解脱清偿者，【但】显然劣等钱币须归还。

D. 13. 7. 24. 2

若某债权人以超过债务之价格出卖质物，但尚未从买受人处获得价金，则是以出质人之诉被起诉而要求归还多余价款？还是必须等待买受人清偿？抑或是向买受人提起诉讼呢？我认为，债权人不能被迫清偿，相反，债务人必须等待；或者，如不等待的话，对买受人之诉应被委任给债务人，但是【诉讼】风险归于出卖人。相反，若【债权人】收到价金，则归还多余价款。

D. 13. 7. 24. 3

In pigneraticio iudicio venit et si res pignori datas male tractavit creditor vel servos debilitavit. plane si pro maleficiis suis coercuit vel vinxit vel optulit praefecturae vel praesidi, dicendum est pigneraticia creditorem non teneri. quare si prostituit ancillam vel aliud improbatum facere coegit, ilico pignus ancillae solvitur.

D. 13. 7. 25   *IDEM libro trigensimo primo ad edictum*

Si servos pigneratos artificiis instruxit creditor, si quidem iam imbutos vel voluntate debitoris, erit actio contraria: si vero nihil horum intercessit, si quidem artificiis necessariis, erit actio contraria, non tamen sic, ut cogatur servis carere pro quantitate sumptuum debitor. sicut enim neglegere creditorem dolus et culpa quam praestat non patitur, ita nec talem efficere rem pigneratam, ut gravis sit debitori ad reciperandum: puta saltum grandem pignori datum ab homine, qui vix luere potest, nedum excolere, tu acceptum pignori excoluisti sic, ut magni pretii faceres. alioquin non est aequum aut quaerere me alios creditores aut cogi distrahere quod velim receptum aut tibi paenuria coactum derelinquere. medie igitur haec a iudice erunt dispicienda, ut neque delicatus debitor neque onerosus creditor audiatur.

D. 13. 7. 26pr.   *IDEM libro tertio disputationum*

Non est mirum, si ex quacumque causa magistratus in possessionem aliquem miserit, pignus constitui, cum testamento quoque pignus constitui posse imperator noster cum patre saepissime rescripsit.

D. 13. 7. 24. 3

出质人之诉须考虑：债权人是否恶用了质物，是否损伤了奴隶。必须指出：债权人显然不能因此等劣行——惩罚、捆绑【奴隶】、将之带至长官或总督前——而受出质人之诉的束缚。但是，若强迫女奴卖淫或从事其他不道德之行为，则以该女奴为标的的质押关系立即消灭。

D. 13. 7. 25　　乌尔比安：《告示评注》第 31 卷

债权人训练诸多出质奴隶的某项技艺，【此等奴隶】如今掌握了该项技艺或【训练】出于债务人之意愿，则赋予质权人之诉；若不符合上述条件，但此项技艺是必需的，【仍旧】赋予质权人之诉；然而，这并不意味着债务人被强制放弃奴隶【所有权】以补偿【训练】费用。实际上，需对故意和过失负责的【规则】不足以正当化【如下事实】：债权人疏于【管理】质物。同样，不能使质物处于此等情境：重获质物成为债务人的繁重负担。这如同【如下情形】：你从某人处获得质物，即一块大牧场，而该人【目前】有能力（虽然很费力）赎回该牧场，更不用说，他有能力耕耘之；而你曾如此出色地打理该牧场，使得其价值大幅上升。另外，我【被迫】寻求其他借款【以偿还费用】，或我被迫出卖我想重获的【质物】，或迫于实际困境而将质物留于你，这都是不公平的。总之，此等情形需交由法官评价，法官不能仅仅听取债务人关于【债权人支出费用】难以【证明的一面之词】，也不能仅仅听取债权人关于【要求清偿费用】的繁重负担【的一面之词】。

D. 13. 7. 26pr.　　乌尔比安：《论断集》第 3 卷

出于某些原因，执法官可授予他人占有质物以设立质押，这不应觉得惊奇，因为我们的皇帝【安东尼·卡拉卡拉】和其父亲【赛第米·塞维鲁皇帝】很多次在敕答里规定：也可通过遗嘱设立质押。

D. 13. 7. 26. 1

Sciendum est, ubi iussu magistratus pignus constituitur, non alias constitui, nisi ventum fuerit in possessionem.

D. 13. 7. 27   *IDEM libro sexto opinionum*

Petenti mutuam pecuniam creditori, cum prae manu debitor non haberet, species auri dedit, ut pignori apud alium creditorem poneret. si iam solutione liberatas receptasque eas is qui susceperat tenet, exhibere iubendus est: quod si etiam nunc apud creditorem creditoris sunt, voluntate domini nexae videntur, sed ut liberatae tradantur, domino earum propria actio adversus suum creditorem competit.

D. 13. 7. 28pr.   *IULIANUS libro undecimo digestorum*

Si creditor, qui rem pignori acceperat, amissa eius possessione Serviana actione petierit et litis aestimationem consecutus sit, postea debitor eandem rem petens exceptione summovetur, nisi offerat ei debitor, quod pro eo solutum est.

D. 13. 7. 28. 1

Si servus pro peculiari nomine pignus acceperit, actio pigneraticia adversus dominum debitori competit.

D. 13. 7. 29   *IDEM libro quadragensimo quarto digestorum*

Si rem alienam bona fide emeris et mihi pignori dederis ac precario rogaveris, deinde me dominus heredem instituerit, desinit pignus esse et sola precarii rogatio supererit: idcirco usucapio tua interpellabitur.

D. 13. 7. 26. 1

需了解：通过执法官命令成立的质押，除非已经占有，否则不能成立【任何法律关系】。

D. 13. 7. 27　乌尔比安《意见集》第6卷

债权人请求【偿还】借款，债务人因无现金可支配而给付诸多金制物，使得债权人可以出质给他人，以贷得款项。假设：现在因清偿，该诸多金制物从【质押关系】中解脱，并重新被债权人获得；受领该诸多金制物的债权人，若继续持有它们，则应命令他出示之；若该物仍在债权人的债权人处，应认为该物基于所有人之意志仍被束缚；但一旦该等物【从质押关系】中解脱，就赋予所有权人此等特有的诉讼以反对他的债权人，以便使该诸多金质物能归还于他。

D. 13. 7. 28pr.　尤里安：《学说汇纂》第11卷

接受质物的债权人失去了质物之占有，他据塞尔维之诉提起请求后，获得了估价程序确定的款项。而后，债务人对该物提起请求的，则应根据抗辩而驳回，除非债权人向他【即被告】给付其清偿的款项。

D. 13. 7. 28. 1

若奴隶接受了因【担保】特有产债权而设立的质物，则赋予债务人反对奴隶主的出质人之诉。

D. 13. 7. 29　尤里安：《学说汇纂》第44卷

你善意购买了他人之物，【取得时效开始起算】，将之出质于我，并临时持有它，而后【该物之】所有权人设定我为继承人，则质押关系消灭，而仅存在临时持有，时效取得因此中断。

D. 13. 7. 30   *PAULUS libro quinto epitomarum Alfeni Vari digestorum*

Qui ratiario crediderat, cum ad diem pecunia non solveretur, ratem in flumine sua auctoritate detinuit: postea flumen crevit et ratem abstulit. si invito ratiario retinuisset, eius periculo ratem fuisse respondit: sed si debitor sua voluntate concessisset, ut retineret, culpam dumtaxat ei praestandam, non vim maiorem.

D. 13. 7. 31   *AFRICANUS libro octavo quaestionum*

Si servus pignori datus creditori furtum faciat, liberum est debitori servum pro noxae deditione relinquere: quod si sciens furem pignori mihi dederit, etsi paratus fuerit pro noxae dedito apud me relinquere, nihilo minus habiturum me pigneraticiam actionem, ut indemnem me praestet. eadem servanda esse Iulianus ait etiam cum depositus vel commodatus servus furtum faciat.

D. 13. 7. 32   *MARCIANUS libro quarto regularum*

Cum debitore, qui alienam rem pignori dedit, potest creditor contraria pigneraticia agere, etsi solvendo debitor sit.

D. 13. 7. 33   *IDEM libro singulari ad formulam hypothecariam*

Si pecuniam debitor solverit, potest pigneraticia actione uti ad reciperandam ἀντίχρησιν : nam cum pignus sit hoc verbo poterit uti.

D. 13. 7. 30　保罗：《阿尔芬奴斯的〈学说汇纂〉摘要》

某人借贷款项给船工，到期后，借款未获清偿，该人【未经司法官之授权】擅自带走一船，并将之放在江河里；后江河泛滥，冲走了该船。阿尔芬奴斯回答道：若债权人违背船工意愿而带走船舶，则风险归属于债权人；但是若债务人根据自己意愿，授权【债权人】带走船舶，则债权人只对过失负责，而不对不可抗力负责。

D. 13. 7. 31　阿富里坎：《争议集》第8卷

出质奴隶对债权人实施盗窃的，则债务人可通过损害投偿奴隶而解脱【责任】。但是，若债务人明知他是盗贼，仍出质他，则即使他准备将之损害投偿于我，我仍将拥有出质人之诉，以保证我不受损害。尤里安认为：此等规则甚至应适用于借用、寄存的奴隶盗窃情形。

D. 13. 7. 32　马尔西安：《规则集》第4卷

若债务人出质他人之物，债权人可提起质权人之诉，即使【该】债务人有清偿能力。

D. 13. 7. 33　马尔西安：《抵押程式评注》单卷本

若债务人清偿借款，则可使用出质人之诉请求归还典质物。实际上，因【典质物本质上】是质物，故可以用该词【描述它】。

D. 13. 7. 34   *MARCELLUS libro singulari responsorum*

Titius cum credidisset pecuniam Sempronio et ob eam pignus accepisset futurumque esset, ut distraheret eam creditor, quia pecunia non solveretur, petit a creditore Sempronius[1], ut fundum certo pretio emptum haberet, et cum impetrasset, epistulam, qua se vendidisse fundum creditori significaret, emisit: quaero, an hanc venditionem debitor revocare possit offerendo sortem et usuras quae debentur. Marcellus respondit secundum ea quae proposita essent revocare non posse.

D. 13. 7. 35pr.   *FLORENTINUS libro octavo institutionum*

Cum et sortis nomine et usurarum aliquid debetur ab eo, qui sub pignoribus pecuniam debet, quidquid ex venditione pignorum recipiatur, primum usuris, quas iam tunc deberi constat, deinde si quid superest sorti accepto ferendum est: nec audiendus est debitor, si, cum parum idoneum se esse sciat, eligit, quo nomine exonerari pignus suum malit.

D. 13. 7. 35. 1

Pignus manente proprietate debitoris solam possessionem transfert ad creditorem: potest tamen et precario et pro conducto debitor re sua uti.

D. 13. 7. 36pr.   *ULPIANUS libro undecimo ad edictum*

Si quis in pignore pro auro aes subiecisset creditori, qualiter teneatur, quaesitum est. in qua specie rectissime Sabinus scribit, si quidem dato auro aes subiecisset, furti teneri: quod si in dando aes subiecissit, turpiter fecisse, non furem esse. sed et hic puto pigneraticium iudicium locum habere, et ita Pomponius scribit. sed et extra ordinem stellionatus nomine plectetur, ut est saepissime rescriptum.

---

[1]   < Sempronius > , vd. Mo. – Kr. , nt. 7.

D. 13. 7. 34　马尔切勒:《解答集》单卷本

提兹借贷钱款与塞姆普里奥,并因此接受了【土地】作为质物;债权人正准备出卖该土地,因为借款未获清偿,塞姆普里奥请求债权人——如同以特定价格买得该土地那样——拥有它。获得【债权人之同意】,债务人留下一份文书,表明该地已出卖给债权人。我提出如此问题:债务人若支付借款及其应付的利息,能否解除该买卖? 马尔切勒回答道:根据上述情况,不能解除买卖。

D. 13. 7. 35pr.　弗罗伦丁:《法学阶梯》第8卷

某人借贷钱款并出质某物,他对借款及其利息负债,故此,出卖质物所得首先用于清偿当时业已发生的利息;然后,若尚有剩余,用之清偿借款。不应许可此等债务人:他明知自身具备较弱清偿能力,却试图根据自己的意愿决定用质物【所获价金】清偿何种债务。

D. 13. 7. 35. 1

质物之所有权保留在债务人处,仅移转占有给债权人,但债务人可以临时持有或以租赁之名义使用其物。

D. 13. 7. 36pr.　乌尔比安:《告示评注》第11卷

某人用铜块替换金块出质给质权人。问题是,该人受何种诉束缚? 关于该情形,萨宾无比正确地写道:若给付了金块,后又用铜块替换之,则受盗窃之诉束缚;若在给付的过程中用铜块替换之,则他实施了秽名行为,而非盗窃。据此,我认为:即使在该情形下,也可适用质权人之诉,这正是彭波尼写道的。另外,正如在敕答中多次规定的那样,可通过非常程序,以交易欺诈罪惩罚之。

D. 13. 7. 36. 1

Sed et si quis rem alienam mihi pignori dederit sciens pru-
densque vel si quis alii obligatam mihi obligavit nec me de hoc certio-
raverit, eodem crimine plectetur. plane si ea res ampla est et ad modicum aeris fuerit pignerata, dici debebit cessare non solum stellionatus
crimen, sed etiam pigneraticiam et de dolo actionem, quasi in nullo
captus sit, qui pignori secundo loco accepit.

D. 13. 7. 37   *PAULUS libro quinto ad Plautium*

Si pignus mihi traditum locassem domino, per locationem retineo
possessionem, quia antequam conduceret debitor, non fuerit eius possessio, cum et animus mihi retinendi sit et conducenti non sit animus
possessionem apiscendi.

D. 13. 7. 38   *MODESTINUS libro primo differentiarum*

Pupillo capienti pignus propter metum pigneraticiae actionis ne-
cessaria est tutoris auctoritas.

D. 13. 7. 39   *IDEM libro quarto responsorum*

Gaius Seius ob pecuniam mutuam fundum suum Lucio Titio pignori
dedit: postea pactum inter eos factum est, ut creditor pignus suum in
compensationem pecuniae suae certo tempore possideret: verum ante ex-
pletum tempus creditor cum suprema sua ordinaret, testamento cavit, ut
alter ex filiis suis haberet eum fundum et addidit 'quem de Gaio Seio[1]
emi', cum non emisset: hoc testamentum inter ceteros signavit et Gaius
Seius, qui fuit debitor. quaero, an ex hoc quod signavit praeiudicium al-
iquod sibi fecerit, cum nullum instrumentum venditionis proferatur, sed
solum pactum, ut creditor certi temporis fructus caperet. Herennius
Modestinus respondit contractui pignoris non obesse, quod debitor testamentum creditoris, in quo se emisse pignus expressit, signasse proponitur.

---

[1]   £ Lucio Titio ¤ , vd. Mo. – Kr. , nt. 12.

D. 13. 7. 36. 1

也用同样的罪名惩罚此等人：明知并处心积虑地将他人之物出质给我，或将已束缚于他人之物出质给我，却未告知我。当然，【在后一情形中】若该物价值巨大，而它因甚微之借款出质，则必须说：不仅仅交易欺诈罪不成立，而且质权人之诉和故意之诉都不成立，仿佛第二次出质的质权人并未遭受任何诈欺。

D. 13. 7. 37　保罗：《普拉提评注》第 5 卷

我将交付于我的质物出租给所有权人，【虽】经租赁，我【仍】保有占有。因为债务人出租之前，占有并不归属于他【即所有权人】，在【出租时】，我的意图是保有占有，承租人的意图并非是获得占有。

D. 13. 7. 38　莫德斯丁：《区别集》第 1 卷

受监护人获得质物——考虑到出质人之诉的风险——应取得监护人之授权。

D. 13. 7. 39　莫德斯丁：《解答集》第 4 卷

因借贷，盖尤斯·赛乌斯出质其土地与卢西奥·提兹；而后，他们之间又达成协议：【盖尤斯·赛乌斯的另一】债权人可在特定时期内占有质物，【收取孳息】以抵偿其自身的债权。但是，在该日期届至前，该债权人以最后的意愿作出了安排，其在遗嘱中规定其中一个儿子拥有该土地。并且补充道："我已从盖尤斯·赛乌斯处购买了它。"而【实际上】并没有购买它。同其他【证人】一样，盖尤斯·赛乌斯（即债务人），在该遗嘱上也加盖了印章。我提出如下疑问：人们不能提供任何有关买卖的文书，而只能提供规定债权人可以在特定时期里获得孳息的简约，那么，该加盖印章之行为，是否会给其带来某些损害呢？赫雷尼乌斯·莫德斯丁回答道：债务人在债权人的遗嘱上——在该遗嘱中，债权人表示已购买质物——加盖印章之行为，不构成成立质押的障碍。

D. 13. 7. 40pr.   *PAPINIANUS libro tertio responsorum*

Debitor a creditore pignus quod dedit frustra emit, cum rei suae nulla emptio sit: nec si minoris emerit et pignus petat aut dominium vindicet, ei non totum debitum offerenti creditor possessionem restitu- . ere cogetur.

D. 13. 7. 40. 1

Debitoris filius, qui manet in patris potestate, frustra pignus a creditore patris peculiaribus nummis comparat: et ideo si patronus debitoris contra tabulas eius possessionem acceperit, dominii partem optinebit: nam pecunia, quam filius ex re patris in pretium dedit, pignus liberatur.

D. 13. 7. 40. 2

Soluta pecunia creditor possessionem pignoris, quae corporalis apud eum fuit, restituere debet nec quicquam amplius praestare cogitur. itaque si medio tempore pignus creditor pignori dederit, domino solvente pecuniam quam debuit secundi pignoris neque persecutio dabitur neque retentio relinquetur.

D. 13. 7. 41   *PAULUS libro tertio quaestionum*

Rem alienam pignori dedisti, deinde dominus rei eius esse coepisti: datur utilis actio pigneraticia creditori. non est idem dicendum, si ego Titio, qui rem meam obligaverat sine mea voluntate, heres extitero: hoc enim modo pignoris persecutio concedenda non est creditori, nec utique sufficit ad competendam utilem pigneraticiam actionem eundem esse dominum, qui etiam pecuniam debet. sed si convenisset de pignore, ut ex suo mendacio arguatur, improbe resistit, quo minus utilis actio moveatur.

D. 13. 7. 40pr.　帕比尼安:《解答集》第3卷

债务人从债权人处购买质物是无用的,因为,购买自己之物毫无意义。【债权人】以低价购买,而后请求归还质物或要求返还所有权的,若未清偿所有债务,则他不得被迫归还占有。

D. 13. 7. 40. 1

家父【该家父为解放自由人】负有债务,而仍处于【该】家父权之下的家子,以特有产向家父之债权人购买质物,这毫无意义。但是,【解放自由人的】恩主负有债务,违背书面【遗嘱】而接受质物之占有的,则他获得【应有】部分之所有权。实际上,家子用家父之钱款作为价金给付的,则质物解脱【束缚】。

D. 13. 7. 40. 2

借款被清偿后,债权人须归还其实际实施的质物之占有,无须实施除此之外其他行为。因此,【质押存续】期间,债权人转质被交付的质物,所有权人清偿欠款,则无须通过赋予【转质质权人】以法律诉讼保护转质,也无需给予其持有【资格】。

D. 13. 7. 41　保罗:《争议集》第3卷

你出质他人之物,而后成了该物之所有权人,应给予债权人以扩用的质权人之诉。【如下情形】却不应是同样的后果:提兹未经我的同意,束缚我的物【即出质该物】,我成为他的继承人——实际上,此种情形,无需赋予债权人诉权以获得质押;也不足以赋予扩用的质权人之诉,尽管【质物】的所有权人,【如今】也是借款的负债人。但是,若提兹的虚假【出质】行为是为【你逃避扩用之诉】提供借口,则他【指提兹】是恶意规避扩用之诉之适用。

D. 13. 7. 42   *PAPINIANUS libro tertio responsorum*

Creditor iudicio, quod de pignore dato proponitur, ut superfluum pretii cum usuris restituat, iure cogitur, nec audiendus erit, si velit emptorem delegare, cum in venditione, quae fit ex pacto, suum creditor negotium gerat.

D. 13. 7. 43pr.   *SCAEVOLA libro quinto digestorum*

Locum purum pignori creditori obligavit eique instrumentum emptionis tradidit: et cum eum locum inaedificare vellet, mota sibi controversia a vicino de latitudine, quod alias probare non poterat, petit a creditore, ut instrumentum a se traditum auctoritatis exhiberet: quo non exhibente minorem locum aedificavit atque ita damnum passus est. quaesitum est, an, si creditor pecuniam petat vel pignus vindicet, doli exceptione posita iudex huius damni rationem habere debeat. respondit, si operam non dedisset, ut instrumenti facultate subducta debitor caperetur, posse debitorem pecunia soluta pigneraticia agere: opera autem in eo data tunc et ante pecuniam solutam in id quod interest cum creditore agi.

D. 13. 7. 43. 1

Titius cum pecuniam mutuam accepit a Gaio Seio sub pignore culleorum: istos culleos cum Seius in horreo haberet, missus ex officio annonae centurio culleos ad annonam sustulit ac postea instantia Gaii Seii creditoris reciperati sunt: quaero, intertrituram, quae ex operis facta est, utrum Titius debitor an Seius creditor adgnosecere debeat. respondit secundum ea quae proponerentur ob id, quod eo nomine intertrimenti accidisset, Seium[1] non teneri.

---

[1]   < Seium > , vd. Mo. – Kr. , nt. 3.

D. 13. 7. 42

债权人，根据因质物交付而产生的诉讼，依法须归还超过【债务】之价金及其利息。根据【债权人和债务人之间的】简约，在出卖【质物】时，若债权人如处理自己事务一样，意图自己选择买受人，则不应被采信。

D. 13. 7. 43pr.　　谢沃拉：《学说汇纂》第5卷

某人出质空地与债权人，并交付了买卖文书；他意图在该空地上建筑，但邻居对【空地】面积范围提出异议，因他无法提供其他证明，故请求债权人出示——已交付给债权人的——权利文书；因后者未出示，【债务人只能】在较小面积上建筑，并因此遭受损失。问题是：若债权人请求支付借款或要求归还质物时，遭到诈欺抗辩，则法官是否应考虑该损失？【谢沃拉】回答道：若【债权人】并非试图使债务人无法取得文书而遭受损失的，在清偿借款后，可提起出质人之诉；相反，故意为此等行为的，即使未支付借款，仍可对债权人提起诉讼，要求赔偿损失。

D. 13. 7. 43. 1

提兹从盖尤斯·赛乌斯借得钱款，以皮囊作为质物。赛乌斯将此等皮囊保存于粮仓；年赋部门所派遣的一位百夫长将皮囊拿走，并存于年赋仓库中。而后，经债权人盖尤斯·赛乌斯之请求，皮囊被归还。我提出如下问题：因此等行为【即皮囊转移了地点】而造成的贬损，应由债务人提兹还是债权人赛乌斯承担？【谢沃拉】回答道：根据上述【事实】，因该事由造成皮囊之贬损，不应由赛乌斯承担。

图书在版编目（ＣＩＰ）数据

学说汇纂.第13卷,要求归还物的诉讼/(古罗马)优士丁尼著；张长绵译
北京:中国政法大学出版社,2016.3
　ISBN 978-7-5620-5595-2

Ⅰ.①学…　Ⅱ.①优…　②张…　Ⅲ.①罗马法－文集　Ⅳ.①D904.1-53

中国版本图书馆CIP数据核字(2014)第197916号

出 版 者　　中国政法大学出版社
地　　址　　北京市海淀区西土城路 25 号
邮寄地址　　北京 100088 信箱 8034 分箱　邮编 100088
网　　址　　http://www.cuplpress.com（网络实名：中国政法大学出版社）
电　　话　　010-58908285(总编室)　58908334(邮购部)
承　　印　　固安华明印业有限公司
开　　本　　880mm×1230mm　1/32
印　　张　　5.25
字　　数　　122 千字
版　　次　　2016 年 3 月第 1 版
印　　次　　2016 年 3 月第 1 次印刷
定　　价　　21.00 元